トランス男性による

トランスジェンダー男性学

周司あきら

大月書店

はじめに

本を読んで、考え、執筆する日々。こんな作業が不要であればいいのにと願いながらも、まだ私は情報を必要としていました。それくらい孤独でした。私と同じようなトランス男性はいったいどこにいるのでしょうか。

私は以前、社会的に女性として生活していました。女子寮に住んでいたこともありますし、女性に恋をしたときは自身はレズビアンに近いのだろうかと悩みました。男性からの性被害に遭ったことがあり、フェミニズムに親近感をもっていました。けれども、今現在の私はほとんど男性です。性同一性障害（当時の診断名）であり、身体的に男性になるため治療をしてきました。筋肉質になり、声が低くなり、体毛にも変化がありました。乳房は手術をして取りました。そうすると、「私は男性です」とアピールする間もなく、すれ違う人々は私を男性とみなしました。詳細は省きますが、私はトランスジェンダーの男性ということです。身体的には女性から男性になったということで、「ＦｔＭ」（エフティーエム、Female to Male）とも言います。

身体的に女性的なものから男性的なものへ性別移行したことで、社会的に予期せぬ変化もありました。悠々と一人で道を歩けること、口を開けば人々が熱心に話を聞くこと、半裸で自宅のベランダにいても誰も騒ぎ立てないこと。それらは男性的な境遇にいたって私が手に入れた特権なのでしょう。トランスジェンダーの男性は、「女性でいることが社会的に不都合で、男性になれば楽になれると思っているのだろう」といった無理解を被ることがあります。しかし男性的な特権的地位のためにトランジション（性別移行）をするのではありません。生きやすさと、戸惑いと。トランス男性について丁寧に読み解く一冊があってほしいと思いながら先人たちの残した情報を集め、同時に「男性の初心者」として身のこなし方を日々習得するなかで、本書を書き上げました。

「トランス男性」とは女性的な境遇から男性的な境遇へ変化した人・変化することを望む人を指し、トランスジェンダーの男性のことを言います。要するに、男性の一員です。一方でトランスジェンダーではなく、生まれたときに割り当てられた性別と当人の実感する性別が一致し、それに従って生きる人のことは「シスジェンダー」と言います。シスジェンダーの男性を略して「シス男性」と表記することがあります。もし読者であるあなたが、今まで性別に違和感をもたず生活できていたとしたら、おそらくシスジェンダーです。

トランス男性の話を進める前に、三つの状況があることに注目してください。

1．トランス男性はシス男性同様の生活を送っている場合がある
2．トランス男性はシス男性同様の生活を送りたくても不可能な場合がある
3．トランス男性はシス男性同様のあり方を望んでいない場合がある

これらはバラバラに位置づけられるものではなく、一人のトランス男性がすべての状況を経験する場合があります。

1については可視化されないため、とくには語られてきませんでした。トランス男性は単に身近にいる男性の一人として、日常に溶け込んでいることがあるのです。男性にまつわる研究である、「男性学」の範疇にはすでにトランス男性が包括されているかもしれないという可能性を示唆しています。

2については、トランスジェンダーの描写で多少は共有されてきました。ときにフェミニズムに関心をもつ当事者として、ときにレズビアンコミュニティに紛れ込む者として、ときに女子校出身者の男性として、ときに医療では解決しきれない問題を抱えるマイノリティ男性として、トランス男性は存在してきました。そのためトランス男性にはシス男性と同じ状態になりたくてもなれない、その道を阻まれてきた、という場合があるのです。

3については、トランス男性が「シス男性になりきれない、かわいそうな弱者」であるという虚像を打ち消し、積極的に新たな男性性を創造する可能性を秘めています。周縁に追いやられながらもたしかに存在しているであろう、トランス男性の男性性を読み取っていく必要性を提示したいと思います。

シス男性中心に構築されてきた社会のなかで、トランス男性はシス男性と同じ部分もあれば、異なる部分もあります。たとえば「はじめまして、これからよろしく」の気合いでフェミニズムに関わっていく意欲的なシス男性を見ると、フェミニズムに別れを告げなければならないであろう性別移行後のトランス男性は、かつて関わっていた女性やフェミニストたちとの距離の摑み方がわからないことでしょう。「俺たち男は」という主語で男性たちが連帯するとき、それはトランス男性も含みうるのでしょうか。かつて女性のように生活していた男性が再びフェミニズムへ向かっていくには、まだ「加害者属性として反省する立場の男性」という経験が圧倒的に足りず、共感までの道のりが遠いのです。トランス男性は男性ですが、シス男性とは経験の差異があります。トランス男性が「トランス男性」であることの固有性と、そうでありながらシス男性前提の社会にシス男性同然の顔で生活していること、そのどちらも大切な視点と言えるでしょう。

第1章では簡潔にトランス男性についての用語説明や治療の話をします。

そして第2章では男性や男性性を取り扱う学問である、男性学とは今までどう位置づけられてきたのかふり返ります。日本国内の状況を大まかに分けて、大学の研究者を中心に始まった「男性学」、「メンズリブ」、昨今の「弱者男性論」などにふれていきます。見ていけばわかるように、これら既存の男性学ではトランス男性を含むマイノリティ男性について考慮されているとは言い難い状況です。まずもって存在認知されていません。

そのため第3章以降で、トランス男性と男性学を接続する手がかりを探っていきます。実際すでにトランス男性が男性として生活している事実がある以上、男性学の枠内で解釈されずにどこにも実態が見えないでいるということはおかしなことではありませんか。どこかにトランス男性はいるのですから。もちろんシス男性同様に生活していればその姿は見えなくなりますが、そればかりとは言えません。既存の男性学のほうからトランス男性が弾かれているような場面は数多くあります。これまでトランス男性特有の問題は「トランス男性」として、ときにはフェミニズムやLGBT運動に組み込まれてきました。一方でシス男性前提の男性社会にトランス男性がいる場合、「男性」としての範疇に組み込まれてはきませんでした。いえ、すでに男性コミュニティに存在しているのですが、特有の視点は無視されてきました。つねにシスジェンダー中心の語り口でしかなく、そのことによってシス男性自身も見方を狭くしているようでした。シス男性側がトランス男性の実態から導入すべき観点もあるのでは、という一つの提案も第5章で示していきます。

最後に第6章で、トランス男性特有の男性性（trans masculinity）を検討するため、トランス男性の実生活にせまります。最初に男性学という順序で進めていくことは珍しいでしょうけれども、私はあえてこの順序が大切になると考えています。トランス男性は、FtM（Female to Male）と表記されるとおり、ジェンダー学において登場する機会があるとすれば女性的な境遇における問題、いわゆるフェミニズムからジェンダー問題にアクセスすることがありました。それからLGBTの抱える問題に着手することがこれまでのルートとして見受けられました。しかしながら、残念なことにそこで終わることが多かったのです。それではトランス男性を「男性」としての枠組みに置いたときの課題がまったく見えてきません。だからこそ本書では、トランス男性が「トランス男性」であることの固有性とともに、トランス男性が今まで顧みられないながらも「男性」としてすでに男性の内部に存在していることがあるという事実を、記述していきます。この試みは、性別移行後のトランスジェンダーの人々が移行先のシスジェンダー文化になじみながらも、それでも特有の思考を保持している可能性に問いかけていきます。見えないからといって、存在していないというわけではないのです。トランス男性は、私は、ここにいます。

トランス男性による トランスジェンダー男性学◎目次

第5章　第二の切り口：トランス男性は男性学に潜在していたのか　121

第6章　第三の切り口：トランス男性の男性性を探して　161

第1章　トランス男性とは

トランス男性とは

まず「トランス男性」とはどういう人を指すのかご説明します。LGBTのT（トランスジェンダー）に該当し、トランスジェンダーのなかでもFtMと呼ばれる人たちのことです。LGBT向け就活サイトのJob Rainbowでは、「FtMとは、生まれたときに女性としての性を割り当てられたものの、男性として生きることを望むトランスジェンダーの方を指します」と説明されています。たしかに私としても「誕生時に女性として性別を割り当てられたものの、その性別に違和感をもち、男性として生活することを望む人」くらいが実態に即しているかと考えます。すでに何食わぬ顔で男性として生活している人も、トランス男性の一員です。かならずしもトランスジェンダーだからといってわかりやすく可視化されているわけではありません。

ちなみに「FtM」と「トランスジェンダー男性（略して、トランス男性）」はほとんど同義で用いることとします。[*1] 本書における使い分けとして、ふだんの社会的生活では「トランス男性」と表記し、一方で医療面の話と、当事者の引用で優先すべき場合のみ「FtM」と表記していきます。

トランス男性にまつわるよくある説明として、次のようなことが言われます。

「心は男、身体は女」

これは良くない説明です。「心」という曖昧なものに性別がある前提で話されても理解できないでしょう。それに、性別移行中や性別移行後のトランス男性はだんだんと「身体は女」ではなくなって「身体は男」に移り変わりますが、だからといってその人が途端にトランスジェンダーではなくシスジェンダーの男性になるわけではありません。むしろ、性別そのものは適合したにもかかわらず、やっぱりシスジェンダーの経験とは差異がある、とトランスジェンダーならではの視点を発見することもあります。第6章ではそうしたトランス男性特有の視点を探っていきます。

また、次のような説明もされます。

「性自認（gender identity）は男、身体は女」

「性自認は男だが、生まれた時は女」

“Gender Identity”は、「性自認」や「性同一性」と訳されます。その人が自分の性別をどう捉えているかの認識のことです。持続的なアイデンティティにまつわることですので、その場限りの自称を意味する概念ではありません。トランスジェンダーの人々が医学的な診断を受ける際には、この性自認（gender identity）が一定期間持続していることが前提となっています。

しかしながら本書では「性自認」「性同一性」という言い方を用いてトランス男性を規定することは基本的にしません。なぜなら男性学の土俵では、「男性とは何であるか」「私は男性なのだろうか」と当人の意識ベースに話が進むことは稀で、「社会的に男性として扱われることとは」と問いかける場面が非常に多いからです。少なくとも本書においてトランス男性とは、「自身を男性だと認識している人」と個人完結型で解釈するよりは、「社会的に男性として扱われている人」と捉えて話をすすめていくことをご理解いただきたいです。むしろトランス男性当人の内面とは無関係に、「どのような男性ジェンダーに立ち向かわなければならないのか」といった社会的境遇に焦点を当てていくべき場面が、日常生活においても本書においても多々現れることでしょう。この男性ジェンダーの問題は、トランス男性に限った話ではありません。シス男性とも重なるのではないでしょうか。ふだん男性として生活しているトランス男性であれば、シス男性と同じく男性ジェンダーを背負うことに直面し、世間で語られる「男性」の一

＊1　世界的な流れでは、「ＦｔＭ」より「トランス男性（transman）」表記が増えてきています。身体的に割り振られた〝female/male〟ではなく、当人の生き方を反映した〝woman/man〟という言葉への転換です。とはいえ、社会的に男性として生活できていない当事者の場合は、「トランス男性」と初めから「男性」呼びをされると、自身の実態に即していないため逆に疎外感を抱くことがあります。

員であるはずです。トランス男性がシス男性同様に一人の男性として違和感なく生活できている（できるようになった）ことで見えてくる景色と、そうでありながらトランスジェンダーの男性であるために起こる内面の葛藤に焦点を当てていくことが、もっと必要だと考えています。

トランスジェンダーの用語

遅れましたが、ここでトランス男性関連の用語をまとめておきます。

・シスジェンダー……出生時に割り当てられた性別と、自身の認識している性別が一致している人のこと。社会的にはマジョリティとされています。
・トランスジェンダー……出生時に割り当てられた性別と、自身の認識している性別が一致していない人。
・ＬＧＢＴ……レズビアン、ゲイ、バイセクシュアル、トランスジェンダーなどセクシュアルマイノリティの総称。
・ＦｔＭ……Female to Male の略。トランスジェンダー男性。出生時に女性だが、男性として生きることを望む人・男性として生きている人のこと。
・ＭｔＦ……Male to Female の略。トランスジェンダー女性。出生時に男性だが、女性として生きることを望む人・女性として生きている人のこと。

・ヘテロセクシュアル……異性愛者。女性を好きになる男性、男性を好きになる女性がヘテロセクシュアルに該当します。社会的にマジョリティとされています。

・パス度……トランスジェンダーの人が希望する性別で認識されているかどうかのこと。FtMにとって「パス度が高い」状態とは、男性に見えているということを意味します。逆に「パス度が低い」状態は、男性には見えていないということです。

・埋没……トランスジェンダーだと誰にも知られることなく、希望の性別で生活が送れていること。外見を変え、戸籍を変えたら、完全に埋没できるかもしれません。

・性同一性障害（GID）……性別に違和感をもつトランスジェンダーに対する、医学的診断名。違和感といっても、性同一性障害は男女二つの性別を基準としており、それ以外の性別（男女どちらにも当てはまらないXジェンダーやノンバイナリー）を想定しているとは言えません。性同一性障害者の性別の取扱いの特例に関する法律の第2条では以下のように規定されています。

「生物学的には性別が明らかであるにもかかわらず、心理的にはそれとは別の性別（以下「他の性別」という。）であるとの持続的な確信を持ち、かつ、自己を身体的及び社会的に他の性別に適合させようとする意思を有する者であって、そのことについてその診断を的確に行うために必要な知識及び経験を有する二人以上の医師の一般に認められている医学的知見に基づき行う診断が一致しているものをいう。」

・性別違和（Gender Dysphoria）……アメリカ精神医学会のＤＳＭ‐５での呼称であり、実質的に性同一性障害の後継概念。２０１３年に名称変更。Ｘジェンダーも対象内であること、性分化疾患でなおかつ性別違和をもつ人も含むこと、身体治療を必要としていないが反対のジェンダーで生きることを望んでいる人も含むことなど、全体的に性同一性障害より対象者の範囲が広がります。

・性別不合（Gender incongruence）……世界保健機関（ＷＨＯ）のＩＣＤ‐11での呼称。こちらも性同一性障害の後継概念。２０１９年に名称変更、２０２２年1月1日に発効されます。その人が「実感するジェンダー」と「指定された性別」の間に、著しい不一致が持続的に生じている状態を指します。従来は「心の性」と「身体の性」が異なると説明されがちでしたが、「その人が体験し、または表出するジェンダー（experienced/expressed gender）」と「指定されたジェンダー（assigned gender）」という用語に置き換えられました。

・ナベシャツ……ＦｔＭが使用することのある、胸の膨らみを押しつぶして平らに見せるためのシャツです。夏場は暑くて地獄です。

・エピテーゼ……義足や義手は知られていますが、ＦｔＭにとってエピテーゼといえば擬似ペニスを指します。装着することで立ちション、性行為における挿入、銭湯で悪びれることなく全裸になることなどが可能になります。

トランス男性の人生

トランス男性はどのように育つのでしょうか。異なる性別で生かされることや性別を移行することはとても難儀な体験ではありますが、その状況を想像するのはそれほど難しいことではないように思います。

一つ、残酷なたとえ話をしましょう。一人の少年がここにいるとします。彼に女の子らしい所作を強要するとしましょう。その少年の好みを無視して、赤いランドセルを背負わせ、スカートをはかせます。誕生日やクリスマスには彼のほしがっているラジカセや仮面ライダーや恐竜などのおもちゃを与えず、代わりにヒラヒラした装飾の人形をおしつけます。もし少年が不服そうにしていたら、「なぜせっかくのプレゼントを喜ばないのか、態度が悪い」と冷たく当たります。男友達と親しく遊んでいたら、少年は「はしたない振る舞いはやめなさい」と親から叱られたり、「お前らつきあってるの?」とクラスメートに揶揄《からか》われたりします。股を開いて座るなんてご法度です。何気なく目にした生物学の本で、人間の男性と女性の図を目撃します。[*2]

＊2　トランス男性のエッセイ集 "Finding Masculinity: Female to Male Transition in Adulthood", Riverdale Avenue Books, 2015. のなかで、Rea Larson 氏は両親のクローゼットに隠された「生物学の本」で男性と女性の並んだ写真を見て、想像力豊かな心にトラウマが植えつけられたと語ります。

そして少年は自分がこれまで疑ってもいなかった自身の性別が「男性」には該当せず、「女性」と割り振られる形状をしていることに気づかされます。いくら待てどもペニスは生えてこない[*3]という衝撃の事実を知るのです。思春期になると、少年の股からは出血しはじめます。突然の生理現象に唖然としていると、「ようやく一人前の女性になった」と筋違いなお祝いムードを家族から送られます。少年は乳首が痛みだし、やがて胸が膨らみます。少年は不自然に膨らんだ乳房をときどき抉り取りたくなりますが、そうする勇気ももてません。作文をするときは一人称に何と書くべきか迷い、教師に指導されたように「私は」と書き出すことに耐えました。少年は自己否定され続け、主張する気力は残っていませんでした。ただ判明したことは、少年が女性的な演技をすれば家族や教師は怒らないでいてくれる、ということでした。女姉妹からは「姉妹の絆」を求められて、少年は辟易しました。

仲良くしていた男友達は、彼らだけが身長が伸び、声が低くなりました。男兄弟がいる場合は、なおさら間近で距離を感じさせられます。相対的に小さくなってしまった少年は一人取り残されます。[*4]男友達は下ネタで盛り上がるようになりますが、少年は仲間外れにされます。それどころか、少年自身が卑猥な目でまなざされる対象に含まれるようになります。そして「もう一緒に遊ぶのはよそう」という距離を保たれるようになります。少年が一人でいるのを見かねて、女子が近くに寄ってくることがありました。少年がスカートの制服をはいていたため、同類だとみなして彼女は声をかけたようです。女子のコミュニティに入れられるうちに、そのうちの一人に少年は恋をしました。しかし、気持ち悪いと退けられるのを察知し、その思いは胸に秘めたままでした。いつしか少年の家のクローゼットには、何の愛着もない服しか並ばなくなりました。あるのは義務感で着る制服と、ジャージくらいです。女友達が化粧を学んでいる頃、その振る舞いが真似できない少年はいつものように疎外感を味わいました。どうにかして、親族に親不孝ものだと思われないように尽力したり、友人に空気の読めない子として嫌われないよう努めたりしました。事あるごとに怒りや悲しみを噴出させるよりは、感情のない機械として動き続けるほうが楽でした。どのみち30歳まで生きることはないし、それまでの辛抱だ、と希死念慮をお守りにして生活を持続させることにします。

そんなある日少年は、テレビで「LGBT／トランスジェンダー／性同一性障害・性別違和」いずれかのワードを知ります。そしてようやく記憶を修正することになります。そうだ、自分は周囲に扱われるように、〝女性〟なんかではけっしてなかった、自分は少年だった、やはり男で正しいのだと。思春期を根こそぎ奪われ、身体があらぬ形へ変わってしまった少年は、

＊3　“Finding Masculinity” において Will Krisanda 氏は、「赤ちゃんの頃に、ペニスが外科的に取り除かれたのではないかと思った、シャワーを浴びながらその傷跡を探した」と言います。
＊4　女性の家族との関係性、男性の家族との関係性については、トランスジェンダー研究の第一人者であるカナダの Aaron Devor 氏の著書 “Ftm: Female-to-Male Transsexuals in Society”, Indiana University Press, 2016. に傾向が示されています。

男性であることを自覚し直し、そのことに誇りをもち、身体をあるべき状態へ戻そうと試みます。そこから少年は我慢の連続であった過去をふり返り、身体治療を始めるべく奮闘することにしました。

以上の物語は現にトランス男性の身に起こりうる出来事であり、しかもその一部にすぎません。[*5] ただし同時に申し上げておかなければならないのは、トランス男性の人生は一人一人異なっているということです。実際はトランスジェンダー物語として共感されやすいストーリーばかりではありません。私自身、これまで見かけた数少ないトランス男性当事者の本を読んでも、あまり共感できずにいました。それどころか「私はトランスジェンダーではないのではないか」「私は自分のことをそれほど強く男性だと思っていない気がする」と余計にわからなくなりました。自分の正体を把握するには、もっと多くのバリエーションがあることを、早い段階で知っておきたかったと思います。

同じトランス男性といっても、たとえば第二次性徴期を迎える前に早期治療を始める人、結婚して出産してから男性だったと気づく人、医学的な治療を選ばない人、女性的とされる趣味がある人、家族が協力的だった人、大切な人に絶縁された人、性別違和はありながらもそれ以外は順風満帆に歩んできた人、性別を気にして何もかも不幸だと捉えてきた人、レズビアンコミュニティにいた人、ゲイである人、恋愛しない人など、状況はいろいろありえます。なかには本人は男性だと認識していても他者からは男性として扱われることなく、一生を終えるトランス男性もいたことでしょう。したがって本書で取り上げられるのはトランス男性のごく一部の描写であり、その多少について語ることは可能であっても、これこそが本物のトランス男性だと規定したり、有り様を形式化したりすることはまずもって不可能なのです。この点は強調しておきたいと思います。

トランス男性の治療

次に、いざトランス男性が身体的な治療をするとなったらどのようなことをするのか見ていきます。トランスジェンダーの治療についての詳細は、むやみに知られたくないというのが本音です。どんな手術痕が残るのか、治療を経て性器の外観がどうであるのか、といったプライベートな話題を暴かれることにトランスジェンダー側としては何のメリットもないからです。これはシスジェンダーの人にとっても想像に難くないはずで、どのトイレを使っているのか、どんな性行為をしているのか、と見知らぬ人に興味本位で聞かれることはけっして喜ばしいこと

＊5　本書で紹介した例のほかに、フランスで話題になった、カトリーヌ・カストロ原作／カンタン・ズゥティオン作画／原正人訳『ナタンと呼んで――少女の身体で生まれた少年』（花伝社、２０１９年）は、若いトランス男性の姿がイラストで描写されていて参考になります。

ではないでしょう。

しかし、疑問が生じるのは当然だと思います。女性に生まれついた者が男性とされる状態になるまで、いったいどんなマジックを使ったのかと。以下では簡潔に、性別移行を志す人がどのような手順でもう一方の性別で生きることを達成するのか、ご紹介します。

ただしトランスジェンダーの個々人にとって治療が必須であるとは限りません。衣服や振る舞いや環境によって望む性別の生活がすでに十分可能である人は、身体治療をせずとも実質埋没できていることもあります。あるいは、家族や恋人に治療に反対されていたり、持病を抱えていたり金銭的な余裕がなかったりして治療をしたくてもできない人もいます。その人がトランスジェンダーであるからといって、個人的事情を無視して治療を強要することはあってはならないことです。


【身体的に男性化するための治療ステップ】
・男性ホルモン投与
・胸オペ（乳腺摘出術、乳房切除術、乳輪縮小など）
内外性器に関する手術は、性別適合手術（Sex Reassignment Surgery＝SRS）と呼ばれます。
・子宮卵巣摘出

・膣閉鎖、尿道延長
・陰茎形成術
・陰嚢形成術、亀頭形成術

戸籍上の性別を女性から男性へ変更するためには、医学的には「性同一性障害」、また今後の取り扱いによっては「性別違和」「性別不合」の診断を下されていること、男性ホルモン投与と子宮卵巣摘出を済ませていることが要求されます。胸オペや膣閉鎖や陰茎形成術の有無は問われません。胸に関していえば、先に戸籍を男性に変えてから胸を切除する手術を受けたり、もともと胸の小さい人は手術不要で男性として日常を送ったりしていることもあります。後述しますが、陰茎形成術はさまざまな理由で受けない・受けられないケースが多いです。また、陰茎形成術までおこない男性に適合するトランス男性は、完全埋没（一切トランスジェンダーだと知られないこと）を望んでいる傾向が強く、そもそも情報が表に出てきにくいのも事実です。

戸籍を女性から男性に変更する要件（性別の取扱いの変更の審判）

第三条　家庭裁判所は、性同一性障害者であって次の各号のいずれにも該当するものについて、その者の請求により、性別の取扱いの変更の審判をすることができる。

一　二十歳以上であること。

二　現に婚姻をしていないこと。

三　現に未成年の子がいないこと。
四　生殖腺《せん》がないこと又は生殖腺の機能を永続的に欠く状態にあること。
五　その身体について他の性別に係る身体の性器に係る部分に近似する外観を備えていること。

2　前項の請求をするには、同項の性同一性障害者に係る前条の診断の結果並びに治療の経過及び結果その他の厚生労働省令で定める事項が記載された医師の診断書を提出しなければならない。

トランス男性においてとりわけ大きな身体的変化をもたらすのは、男性ホルモン投与です。よく誇大表現されがちですが、メディアでピックアップされるほど性別適合手術（主に子宮卵巣摘出が想定されます）が多大な影響力をもつというわけではありません。内性器の手術をしただけでは表向き生活は変わりませんし、それをしたからといって急に女性から男性になれるわけではありません（戸籍上の性別は変更できますが）。性別移行においてあたかも男女の切り替えが可能な万能スイッチのように性器部分の手術が描写されることは、不自然で現実に即していないように見えます。とくにトランス女性の手術と違って、トランス男性の臓器は目に見えない箇所にありますから、本人の実感するホルモンバランスの変化や手術終了の喜びがあるにしても、外見的な影響はないのです。そのため日本国内では、「男性ホルモン投与」と必要に応じて「胸オペ」をすることで実質男性としての外見や生活を手に入れたにもかかわらず、戸籍は女性のままで生活しているトランス男性もいます。私も執筆時点ではそのうちの一人です。

ここで身体面に大きな影響を及ぼす、男性ホルモン投与とはどういったものか見ていきましょう。女性として割り当てられた身体に男性ホルモンを投与すると、さまざまな変化が起こります。


【男性ホルモンによる変化】

一般的に挙げられる特徴です。男性ホルモン投与前までは女性としてしか見られなかったトランス男性でも、半年から一年ほどで十分効果が現れ、男性として生活できる可能性があります。ただし個人差がありますので、かならずしもこのような変化を経るとは限りません。

・生理が止まる……初期に起こる嬉しい変化です。私の場合、二か月後には止まっていました。
・声変わりが始まる……変声期の中学生男子と同じ変化を、ホルモン開始によって数年越しにようやく味わうことができます。徐々に低音になり、やがて安定します。
・食欲増加……もう一度思春期がきたのだと思って、一時的に体重増加することには目をつむったほうがいいかもしれません。
・性欲増加……女性ホルモンの影響が勝っていた頃とは量と質が変わり、自身の身体に慣れるまではもがき苦しむ場合があります。

・陰核の肥大……陰核（クリトリス）がペニス同様の器官へ発達していく感覚です。
・筋肉質になる……少しの筋トレで目に見える変化が現れたり、以前より重いものがもてるようになったりします。
・体毛が増える……腕や脚などわかりやすい箇所から、鼻毛や尻毛などどうっかりしていると驚きの箇所まで毛が生えるようになります。
・血管が浮き出る……男性の腕に特徴的な血管が、ホルモン投与後は浮き出てきます。
・体臭が男性的になる……人から変化を指摘されたり、洗濯物の匂いによって気づきます。
・髪質が硬くなる……ゴワゴワしたさわり心地に変わり、立体的に見えるようになります。
・禿げやすくなる……他の体毛は増えるにもかかわらず、毛髪は減る可能性があります。

男性ホルモン投与によって成人後の骨格が大きく成長することはありません。とはいえ全体的な肉付きが変化したことで衣服を総取り替えしないとキツイくらい、体が大きくなった（ガタイが良くなった）というケースはありえます。

さて外見だけでなく、身体の中身はどう変化するのでしょうか。私が男性ホルモンを投与すると、体感としていわゆる男性的とされる特徴（競争的になる、性にまつわることを考えがちになるなど）を帯びてくることは一定程度否めませんでした。以前健康診断を受けたときは、手術はせず男性ホルモン投与だけを受けている状態でしたが、男性側の基準で数値的にも問題なく診断が済みました。[*6] ジムで身体測定をするときは男性基準で変化を測っていますが、それで都合が悪くなることは一度もありませんでした。ジムのインストラクターに対してトランスジェンダーであることや戸籍が女性であることを説明したことはなく、普通に男性ということで通っています。つまり肉体を構成する諸要素（筋肉、脂肪、体脂肪率、血液など）もすべからく男性扱いされるべき状態に整っていました。これは男性ホルモン投与を始める前には実感できなかったことなので、大概ホルモンの影響なのだと捉えています。

肝心の男性ホルモン投与をする方法ですが、定期的にジェンダークリニック・婦人科・泌尿器科などに通って男性ホルモンの注射を受けます。地方ではまとまった注射針をそれらの場所から預かって、自宅で自己注射するケースもあります。ホルモン摂取の手段には、ほかに錠剤や塗り薬もありますが、直接尻や肩へ筋肉注射をするトランスジェンダー当事者が多いようです。私の場合は、2週間に一度「エナルモンデポー筋注125㎎」または「テスチノンデポー筋注125㎎」を注射して男性化してきました。

男性ホルモンは継続的な治療であり、徐々に変化が現れます。一方で手術は、基本的には一

＊6　戸籍を変更せず健康診断を受ける場合は、何も申告しないと戸籍性別で割り振られる可能性が高いです。会社勤めのトランスパーソンであれば、社長など健康診断の手続きを済ませる代表者にあらかじめ状況説明をしておくと、外見と異なる戸籍性別に行かされて周囲にジロジロ見られるという心配がなくせるでしょう。

度きりです（修正手術をしたり、一つの工程を複数回に分けて手術したりすることはありません）。トランス男性の場合は、身体の上半身の手術（top surgery）として胸オペがあります。身体の下半身の手術（bottom surgery）としては、何段階か分かれており、まず子宮と卵巣の摘出があります。さらに、膣粘膜を切除し膣を閉鎖する手術があります。また尿道延長の手術をすることで、通常男女の身体で異なる場所にある尿道の位置が変わるため、うまくいけば立ちションすることが可能になります。手術して本格的なペニスを形成するには、自身の他の部位（前腕や太もも付近や腹部など）から皮膚を移植してペニス型にして取り付ける方法があります。仮に日本のトランスジェンダー治療で有名な「ナグモクリニック」でこれらすべての手術をおこなった場合、単純に足して500万円以上もの費用がかかります。[*7] それゆえ費用の安さ、術例の多さ、予約待ちの期間が短いことから、タイへ渡航して手術を受けるトランスジェンダー当事者もいます。タイで手術を受ける際には、『性転師——「性転換ビジネス」に従事する日本人たち』（伊藤元輝、柏書房、2020年）という一冊で語られているように、手術の付き添いや案内役を果たしてくれるアテンド業者が活躍することもあります。[*8]

期間はどれくらいかかるのでしょうか。子宮卵巣摘出をするにはそれまでに男性ホルモン投与を1年以上続けていることが条件となることが多く、そのため戸籍変更をおこなうには性別移行の治療に最短でも1年はかかっていることになります。陰茎形成する場合はさらに子宮卵巣摘出から6か月経過が条件[*9]となり、タイで受ける場合には3回渡航することが求められるため、慎重な治療となっています。しかも家族の理解が得られないトランスジェンダー当事者の場合、勘当されたり独力ですべての治療費を貯めたりするので、手術にたどり着くまで長い苦労があります。性別を移行する道のりは一日にしてならず、なのです。

トランス男性が社会的に男性化するときのステップ

「今、男性扱いされたな」と気づく瞬間が積み重なり、やがて「私は社会的に男性ということなのか」と納得していく経験をします。よく「トイレはどうするの」という質問がありますが、いきなりトイレの問題が出るのではなく、それ以外の生活で客観的にどう見られているか

＊7　2021年時点での、ナグモクリニック名古屋GID外来公式HPを参考にしました。乳房切断術（大きめの胸の場合）77万円、乳頭縮小術15万4000円、子宮・卵巣摘出92万4000円、尿道延長・陰核形成（ミニペニス形成）70万4000円、陰茎形成218万9000円、膣閉鎖33万円、陰嚢形成16万5000円、睾丸形成33万円をすべて足すと556万6000円となります。時期を分けずセットで受ける場合は安くなり、「乳房切除＋子宮・卵巣摘出＋尿道延長＋陰核形成（ミニペニス形成）」のセットで177万1000円です（陰茎形成を受ける場合はさらに追加）。

＊8　『性転師――「性転換ビジネス」に従事する日本人たち』では、アテンド会社7社（アクアビューティ、G-pit、タイSRSガイドセンター、ひまわりカフェ、ソフィアバンコク、RISE、ISK）への詳細な取材がなされています。

＊9　タイのガモンホスピタルHP参照。https://www.kamolhospital.com/jp/

によって判断しています。具体例をいくつか挙げます。

・女性から距離を取られるようになる……電車の隣席に女性が座らなくなる、大学の講義で知り合いの女性以外は近くに座らなくなるなど。
・男性が同性としてフレンドリーになる
・夜道を警戒せず歩きやすくなる、夜中にコンビニへ行ける
・力仕事を任されやすくなる
・専門家でもないのに発言が尊重されやすくなる……男性が集団の会議で重んじられ、女性が軽んじられる風潮はたしかにあったのだと実感します。
・男性用トイレを使用する……女性用トイレを使用し続けるとやがて不審者の男性だとみなされるはず。男性用トイレを使いたいからというよりは、女性用トイレに居続けると通報されそうだから使用スペースを変える、という感覚が近いかと思います。
・銭湯で男湯のキーを渡される……全裸になって男湯に行けるかどうかは、その人の脱衣時のパス度によります。着衣時に男の湯のキーを渡されても、脱いだときに男性に見えないのであれば「実は体は女性なので」と屈辱的な申請をして断らなければならないかもしれません。また、私のように公衆浴場を愛するトランスジェンダーもいますが、他人にコンプレックスであり続けた身体を見られたくないという理由で公衆浴場をまったく好まない人もいます。

身体的なパス度が上がり、男性として日常生活を送れるようになれば、周囲にトランスジェンダーの人がいるとは思われなくなります。自身もトランス男性であり、精子提供により父親になった川崎和真氏は次のように描写します。[*10]

「周りのごく普通の男性だと思っている方の中にFTMの方がいるかもしれない。

『え、あいつ立ちションしてたの見たよ』

『あいつと一緒に銭湯行ったことあるけど、立派なモノついていたよ』

『あいつ子どももいるじゃん』

私たちは皆、日常生活に溶け込めるように最大限の努力をしているため、身体や戸籍を変えたことに気が付くのは容易ではないだろう。」


こうした一つ一つの積み重ねで、トランス男性は望む生活を実現していきます。身体的な特徴の変化だけでなく社会的な性別の変化も理解していくことになります。おそらくシス男子がジェンダーの未分化な幼少期に「自分は男の子なんだな」と学習していくのと過程は似ています。一つ差があるとすれば、トランス男性の場合は「本当は男性ではないのではないか」と周

＊10　川崎和真『ちんちんのないお父さん』（文芸社、2017年）、258〜259頁。

囲から疑いをかけられたときに弁明する手段をもっていないため（戸籍変更後は公的証明書によって男性だと証明できますが）、男性として生きることに余計に慎重さが求められるということです。

遅ればせながら男性としてみなされる生活を手に入れたトランス男性は、はたして周囲のシス男性のように溶け込んで生活を送ることができるのでしょうか。もしシス男性と寸分違わず生きているならば、ジェンダー化された「男性（必然的にシス男性を表す記号として用いられてきました）」の範疇に、トランス男性も含まれているはずです。そこから男性内で問題が生じたならば、男性の手で処理しなければならないのでしょう。ようやくトランス男性も、男性学の扉を叩くときが来ました。

第2章　既存の男性学と、トランス男性の不在

男性学とは何だったのか

その是非は置いておいて、すべての性が平等な権利をもてるよう女性の差別解消や権利を主張する「フェミニズム」は、一人一派とまで言われることがあります。けれども、男性主体の運動はどうでしょうか。「マスキュリズム」は？　「男性学」は？　ひたすらに消極的な意味で、一人一派どころか、男性学とは何ですか、そんな言葉は聞いたことない、と行き詰まりそうです。男性をジェンダー化された存在として捉え（社会的・文化的に性差を設けたうち、男性に着目しようとすること）、権力関係やジェンダーについて男性性の視点から考える学問が、男性学です。日本での男性学の火付け役ともいえる伊藤公雄氏の『男性学入門』（作品社、1996年）では、「男性の生き方を探るための研究」（2頁）と述べられています。こうした運動をフェミニズム（feminism）の対比として「マスキュリズム（masculism）」と呼びたい気持ちはありますが、マスキュリズムという用語は男性だけの権利、世の中は男卑女尊であり女性が悪い

という方向性になりかねないため、本書では「男性学」で統一します。なお、同文脈で「男性性研究」と呼ばれることもあります。[*1]

一応、男性学のなかでも分類可能なほどのバラエティはあり、それなりに歴史もあります。はじまりは、フェミニズムの影響を受け、1980年代にアメリカで男性学の流れが出てきたことでしょうか。実のところ1970年代後半には日本でも男性性に着目しはじめていたのですが、まとまった運動としてピックアップされるのはアメリカなら1980代、日本なら1990年代に入ってからと見るのが妥当です。ここからは男性学の歴史について簡単にふり返っていきます。しかし、本書で語りたいトランス男性の存在はどこにもありません。そのため男性学についてすでにご存じの方は、ここでのお話は読みとばしていただいて結構です。

なぜアメリカの男性運動が大きかったかと言えば、フェミニズム運動が栄えたのがアメリカだったからだと言えます。男性たちはフェミニズム運動のリアクションとして、自らの性についても社会的に認知し考えるようになりました。1970年代以降のアメリカの男性運動について、アメリカの哲学者であるK・クラッターボウ氏は著書『男らしさをめぐる現代の展望』[*2]のなかで7つの分類を示しました。それを伊藤公雄氏が日本語でまとめたところ、以下のようなタイプに分類可能です。[*3]

・「女性問題」を自分たち男性の解放と重なる問題だと考える「親フェミニスト派」。

・古い〈男らしさ〉の復権や強化をはかる「保守派」。
・現代社会における男性の相対的な権利剝奪状況を批判し、ときに女性の主張を男性に対する〝逆差別〟だと糾弾する「男性の権利派」。
・男性性の危機を、男性原理の不全状況に求め、その回復を追求しようとする「精神主義派」。
・男性問題をマルクス主義的な問題関心から分析しようとする「社会主義派」。
・現代社会における「ヘテロ」（異性愛）強制の問題性や「ホモフォビア」（同性愛嫌悪）の構造を批判する「ゲイ派」。

＊1　男性に関わる運動といったとき、１９８０年代以降、アメリカでは保守派とリベラル派に分かれました。一つは「男性学（Men's Studies）」と呼ばれ、伝統的な「男らしさ」の復権を理想とする保守的な運動であり、もう一つは「男性性研究（Masculinities Studies）」で、男性のジェンダー問題を他のジェンダー問題と同じ社会的弱者の観点から研究している、という分類です（瀬名波栄潤「男が男を語る——古くて新しいジェンダーの話」名古屋大学英文学会編『Ｉｖｙ』第40巻、２００７年11月）。
しかし日本国内では用語によってそうした分類があるとは言い難く、「男性学」という名称で定着しつつあるため、アメリカの事例のような区別は設けず「男性学」という言い回しを本書でも用いていいます。
＊2　Kenneth Clatterbaugh, "Contemporary Perspectives On Masculinity: Men, Women, And Politics In Modern Society", Westview Press, 1990.
＊3　伊藤公雄『男性学入門』（作品社、１９９６年）、１４２～１４３頁。

・男性問題を人権問題と結びつける「ブラック・アメリカン運動」。

アメリカの男性運動において「親フェミニスト派」の立場をとるマイケル・キンメル氏のような人物ばかりではなく、むしろアメリカでは「男性の権利派」や「精神主義派」が優位であるようだ、と伊藤氏は分析しています。というのも、「本当はできるはずの男性が傷つけられている」といったアプローチで、男性の理想像を掲げながら男性の権利を主張しているからです。ここで「壊れやすい男性性の政治的意義」（Sarah DiMuccio, Eric Knowles, "The Political Significance of Fragile Masculinity", *Current Opinion in Behavioral Sciences*, 34, 2019）というタイトルの論文を参照します。"Masculinity"（男性性、男らしさ）を形容している"Fragile"とは「脆弱な、不安定な、壊れやすい」という意味です。男性が「本物の男性（real men）」らしくあるためには、主要な特徴として、ステータスの追求、仕事とスポーツでの達成と成功、独立、自信、攻撃性、競争力、女性らしさの回避などがあります。そうした「本物の男性（real men）」の地位獲得とその維持が脅かされたときには、不安が引き起こされます。そして、自身の「壊れやすい男性性（fragile masculinity）」を攻撃的な政治的態度や行動に転換して守ろうとします。過去をふり返れば、トルーマンが原爆投下をしたのも、男性がブッシュ大統領とイラク戦争を支持したのも、白人男性の多数がトランプ政権を支持していたのも、「本物の男性（real men）」らしく見せるためだったのではないか、と分析されています。「保守派」や「男性の権利派」がどのような経緯で主張しているのかは気にしておきたいところです。

国や地域、さらには宗教や時代などによって、どの視点が色濃く現れるかは異なります。伊藤公雄氏の見解[*4]では、アメリカの男性運動がどちらかというと個人解決型であるのに対し、ヨーロッパでは資本主義・階級問題など社会や政治の文脈から問題提起する方向が強く、そのためヨーロッパでは「親フェミニスト派」や「社会主義派」の影響が大きいということです。

日本の男性運動の歴史

一方、日本の男性学は欧米よりタイミングが遅れており、影響力もいま一つです。なぜ日本では男性学の発展が進まなかったのでしょうか。

関西大学教授の多賀太氏は、思想・イデオロギーの側面と、物質的・経済的な側面の両方にその要因を見出しています。[*5] いわく、思想的な条件としては欧米と比べると日本ではそもそもフェミニズムの影響力が強くなかったこと、そのためリアクションとしての男性学のパワーも弱かったのだということです。上野千鶴子氏は、男性学を「女性学の視点を通過したあとに、

＊4　伊藤、同＊3、145〜146頁。
＊5　多賀太「日本における男性学の成立と展開」『現代思想』2019年2月号（特集＝「男性学」の現在――〈男〉というジェンダーのゆくえ）。

女性の目に映る男性の自画像をつうじての、男性自身の自己省察の記録」とまで言っています。[*6]

物質的・経済的な条件としては、欧米では1973年のオイルショック以降、男性が稼ぎ手役割を一手に担うというスタイルが変わっていったのに対し、日本ではオイルショックを経ても製造業がもちこたえて男性主流の雇用形態が変わらなかったことを多賀太氏は挙げています。男性が一人で働いて一家を担うスタイルが維持されてきたため、[*7]日本の男性には変わるチャンスが、というよりも外部要因によって変わらなければならないという差しせまる危機が訪れていなかった、ということです。こうした背景により、日本では男性が自分自身の生き方を考え直すタイミングがありませんでした。

とはいえ、日本でも1990年代以降に男性運動ができ、大学で男性学・男性性研究が登場しはじめました。大学の研究者から大衆向けへと広がった男性学については、伊藤公雄氏、多賀太氏、田中俊之氏らの著書で当時の現状が読みとれます。伊藤氏は女性差別撤廃の運動に男性として関わってきたことから、社会的マジョリティである男性に着目し、男性性をマジョリティ問題として捉え返そうとします。伊藤氏は固定化につながる「新たな男性性の確立」といった方向性はとらず、変異転換する自分（マジョリティ男性）と向き合うことを求めています。

ここでいうマジョリティ男性とはどういった存在なのでしょうか。男性であれば自動的にマジョリティに振り分けられるわけではありません。国籍、体格、性的指向、性表現、生まれ育った土地や学歴などさまざまな要素によって、マイノリティに位置づけられる男性もいました。

そしてマジョリティ男性の記述から高頻度で例外扱いされてきた一例が、男性同性愛者、ゲイの存在です。ゲイスタディーズは、伊藤氏の男性学で対象とされるようなマジョリティ向け男性学の登場以前から、独自の運動を発展させていました。のちほど詳しくみていきますが、男性学はゲイ（もっと言えばセクシュアルマイノリティである男性全般）をそもそも含んでいませんでした。男性学の発端が「(性にまつわる切り口においては）マジョリティとされる、シスジェンダーでヘテロセクシュアルである男性が自分のことを問い直す」ことだったためです。自らのことを問い直さなくてもなに不自由なく生活できることがマジョリティの特権であり、マジョリティの証明とも言えます。シスジェンダーでヘテロセクシュアルである男性が自分自身を問い直すタイミングがこれほどまでに遅れたのも、「シスジェンダー」で「ヘテロセクシュアル」である「男性」がマジョリティだったためです。いまなお男性学はシスヘテロ男性を中心とした語り口が圧倒的です。トランス男性は男性学で語られる機会がありませんでした。

＊6　井上輝子、上野千鶴子、江原由美子編／上野千鶴子解説『日本のフェミニズム 別冊　男性学』（岩波書店、1995年）。

＊7　厚生労働省による「共働き世帯数の年次推移」（2020年版）では、1992年頃を境に、「雇用者の共働き世帯」が「男性雇用者と無業の妻からなる世帯」を超えています。しかし賃金格差を見ると、男性：女性＝100：74という男女格差のある状態が令和に入っても続いているため、男性の意識のなかでは「男性が一人できちんと稼がなければ」という外圧はあまり変化していなかったものと推測できます。

アカデミックな場で起こった「男性学」に対し、社会運動というかたちで関西と東京を中心に「メンズリブ」の活動も展開されました。そこでは女性に対する抑圧性を問うだけではなく、男性自身の傷ついてきた体験や、抑圧されてきたという感覚にも主眼が置かれるようになりました。メンズリブ研究会が発足したのは1991年のことで、その後大阪にメンズセンターも設立されます。ところが2000年代に入ると保守派のバックラッシュ（性教育・ジェンダーフリー運動に対する反動）が起こり、男性運動は停滞していきます。多賀太氏によれば[*8]、他の要因として、男性たちが男性内部の差異に敏感になってきたこと、運動の盛り上がりを支えていた中高年男性がそれぞれの私生活をより重視するようになったこと、当の父親や男性目線に立った、彼らに響くような政策や啓発がおこなわれてこなかったことなどが挙げられています。

男性学はフェミニズムと手をとるのか

1990年代に起こった男性学もメンズリブも、フェミニズムに対する応対にとどまっていたり、女性の視線を気にしていたりしました。男性学において男性の権利を考える以上、いわゆる「男性差別」に向き合った言及もたしかにあります。はじまりがそうだったからといって、単なるフェミニズムへのリアクションに終始するわけではありません。これは次の弱者男性の話にもつながります。

しかしながら日本では、フェミニズムから派生して男性の問題を考えるようになった男性による「男性学」のほうが主流であるように映ります。女性たちによるフェミニズムの波ができるまでは、社会全般の基準が男性に向けてつくられていたため（もちろん男性優位な構造がつくられていることが男性個人の生きやすさと結びつくわけではありません）、あえて男性だけを取り上げる機会がなかったということです。それゆえ「男性学」といっても、フェミニズムを男性視点から解釈し直すだけ、ということも多く見られます。このフェミニズムに順応するだけの男性学には、個人的に疑問を呈します。

では、ジェンダーに着目したうえでフェミニズムから離れて、男性学が為すべきことには何があるでしょうか。それは、「男性のなかにもさまざまな男性がいる」という事実をより表面化していくことでしょう。逆にいうとフェミニズムのなかでは、「男性」という一つの属性のなかに多様性があることを見逃してきました。

フェミニズムに対するリアクションとしてだけでなく、男性がどのように社会化されてきたか、より男性自身の当事者性に着目して研究する機会も徐々に増えました。社会のなかには数としても権利としてもマイノリティに該当するあり方をしている男性もおり、その事実が周知されてきました。しかしながら学問の世界で男性学を見るとき、いまだ進展はゆるやかで、残

＊8　多賀、前掲＊5。

念ながらとりこぼされる男性が多いように思います。男性のなかにもさまざまな要素——国籍、体格、性的指向、性表現、生まれ育った土地や学歴など——によって不利益を被ってきている人たちがいます。インターセクショナリティ（個人のアイデンティティで複数の要素が組み合わさったときに起こる、差別や不利益を理解する枠組み）[*9]な視点が肝心です。

男性同士で同じものへ向かう

男性内の語りを深めていく手段として、少人数規模で話し合うコミュニティも今後拡大していくのではないでしょうか。ここでは二つのコミュニティをご紹介します。東京では環氏やうちゅうじん氏がメンズリブをベースとした語り場〈うちゅうリブ〉[*10]、関西では西井開氏が〈ぼくらの非モテ研究会〉[*11]を開催しています。「性自認が男性寄りの人」といった募集をかけることでシスヘテロ男性に限らず、トランス男性の参加者もいるそうです。

これまでの印象として、男性性をテーマとする研究のなかで「トランスジェンダー」的な語られ方をする場面では、男らしさを脱したい人が対象であることが多いようです。初期ＭｔＦ（女性として生活しはじめる前段階のトランス女性）やＭｔＸ（出生時に男性だったが、男女どちらでもなくＸジェンダーである人）、あるいは単に女性的な格好をする異性装者（トランスヴェスタイト）の話題に偏っていました。「移行して後から既存の男性ゾーンに入り込むような」男性、つまりトランス男性の話題に乏しかったのです。トランス男性に該当する私にとっては、男性学やメンズリブの話題のなかでようやくトランスジェンダーが登場したと思ったら、私とは逆の過程を歩むトランスジェンダーしか姿が見えなかったため、肩透かしをくらった気分になっていました。そうしたアンバランスな視点が徐々に改善されていくことは、凝り固まった男性学の土俵をほぐしていくことにつながると思い、期待しています。

〈うちゅうリブ〉や〈ぼくらの非モテ研究会〉のように、男性同士で比較したり結論を出したりするのではなく、同じものを見つめることで少し生きやすくなる試みは今後もとても大事だと思います。男性同士の語りのなかには、トランス男性も共感するエピソードが登場します。むしろ社会的に男性として過ごす期間が長くなればなるほどシス男性のもつ悩みと同一化するため、重要度は増していくのではないでしょうか。ただし数多くいる男性のなかでトランス男性の人数が少ないあいだは、トランス男性間の違いやトランス男性特有とも言える男性性を発掘することは難しいでしょうから、シス男性中心のコミュニティで見過ごされがちなことは、

＊9　例えば同じトランス男性でも、黒人のトランス男性でゲイの場合は「黒人差別」と「トランス差別」と「同性愛差別」を同時に体験することがあり、白人のトランス男性でヘテロセクシュアルの人とは経験が異なります。そういった複数の視点に着目する必要があるでしょう。

＊10　ブログ「うちゅうリブ」、西井開、環「2010年代メンズリブ対談――メンズリブのこれまでとこれから」（2018年7月6日）。https://uchu-lib.hatenablog.com/entry/2018/07/06/140958

＊11　西井開『「非モテ」からはじめる男性学』（集英社新書、2021年）を参照のこと。

トランス男性同士のコミュニティで培われるほかないとも同時に感じます。この点は、第6章で掘り下げていきます。もしシス・トランスの男性が対等に話し合う場をもつなら、5対5か、あるいはトランスが多いくらいでないと、結局シス男性の基準で話が展開されてしまうのではないかという危惧はあります。一方で、特定のテーマについてシス男性特有の悩みがある場合は、そこにトランス男性が含まれないこともあるでしょう。たとえば夢精の話、男子校の話、父との男同士の思い出話などは、基本的にトランス男性はついていきづらい話題になるでしょうし、そのなかにはシス男性特有の語り場が必要な場面ももしかしたらあるのかもしれません。そうした限定的な場面でトランス男性が含まれないことは、妥当な区別として私は捉えています。問題なのは、こうして男性同士の語り場を設けたとしても、再びある属性の男性同士でかたまってしまい、他の男性を排除してしまうことです。立ち位置が「排除される側の男性」から、「排除する側の男性」にすり替わらないように、注意は必要です。

男性学においてトランス男性はどこにいる？

国内の論文では「トランス男性」について言及されることは稀です。佛教大学の大束貢生准教授による2019年の論文では、「性的少数男性」の一部としてトランス男性という単語が登場しています。[*12]

「最後に、『男性内の差異と不平等』について考えたい。（略）男性内の差異のひとつとして異性愛かつシスジェンダーである性的多数男性と同性愛男性やトランス男性などの性的少数男性の差異があげられるが、メンズリブの中で男性問題のひとつのテーマであったにもかかわらず、今日まで性的少数男性の運動が男性運動として見られてきたことは少なかったように思われる。（略）性的少数男性たちが自らの男性性を基準とした男性運動を展開することも必要なことではなかろうか。つまりＳＯＧＩ（Sexual Orientation and Gender Identity）に基づく男性運動の展開が必要とされるであろう。」

詳細は何も記されていませんが、「トランス男性」の名だけでもよく登場したものだと驚きました。その反面、当たり前に今まで生きてきた私からしたら「最後に」「性的少数」など言われなくとも、ここにいます、ずっといましたよ、と述べたくもなります。性的少数男性が男性運動を展開させていくためには、前提として性的多数の男性たちが自ら行動を起こすことも重大な役割であるはずです。同性愛者を卑下する発言をしないこと、シスジェンダー前提で帰結

＊12　大束貢生「日本における男性運動と男性対象のジェンダー政策の可能性――メンズリブを中心にして」『佛教大学社会学部論集』第69号（２０１９年９月）「２　日本における男性運動」「２・３　今後の男性運動を考えるために」を参照のこと。

させようとしないことなどを日常的に意識するだけでも、随分大きな変革となるでしょう。

大東氏の記述では、なぜ男性対象のジェンダー政策が後退したのか、政治における男性の取り扱われ方が指摘されています。男性対象のジェンダー政策は一度は多様化しかけていたにもかかわらず、すっかり後退してしまいました。その理由として、男性運動が一連の政策決定に関してあまり関与しなかった背景が挙げられています。2010年度からの第3次男女共同参画基本計画では施策の方向として「男性にとっての男女共同参画」が述べられていました。男女共同参画は、男性にとってもお得ですよ、だからみんなで協力しましょう、というスタンスだったわけです。しかしながら2015年度からの第4次男女共同参画基本計画では男性への記述が削除されてしまいました。残されたのは「女性の活躍」「女性に対するあらゆる暴力の根絶」という女性に主軸を置いたスローガンのみです。この流れは第5次男女共同参画基本計画でも同じで、2020年に閣議決定された第5次では副題に「〜すべての女性が輝く令和の社会へ〜」とつけられています。第3次においてせっかく男性をまきこんでの政策が唱えられてきた時期に、何があったのでしょうか。それは、安倍政権の方向性に起因します。大東氏と同様の指摘を、伊藤公雄氏もおこなっています。[*13] 安倍晋三元首相といえば、21世紀初頭のジェンダーバックラッシュの中心人物でした。その人が政権に返り咲くや「女性活躍」を掲げるとはどういうことでしょうか。

大東氏は以下の指摘をおこないます。安倍政権が、「女性の活躍を『社会政策』ではなく

『成長戦略』として捉える方向性は、女性の問題を『男女の平等』という『人権政策』では捉えないということにつながっていると思われる」。つまり女性は「産む性」であり、女性の活躍を促せば人口減少社会における労働力確保の一環として有効であると考えられました。これにはもちろん女性側から、反発がありました。政府は女性に対して働くことも子どもを育てることも同時に求めているようだが、そんなふうに女性を労働力としか見ないのであれば、結果として少子化を促進することになると。一方で「産む性」としての経済政策に直接有効ではないとされた男性[*14]への視点はおざなりにされました。そうして政策において男性は無視されることとなり、男性の問題へのスポットライトは消えてしまったのです。ゲイやトランス男性を含む性的少数男性のことなど、なおさら存在が認知されなくなったことは言うまでもありません。

＊13　伊藤公雄「男性学・男性性研究＝Man & Masculinities Studies——個人的経験を通じて」『現代思想』2019年2月号〈特集＝「男性学」の現在——〈男〉というジェンダーのゆくえ〉。

＊14　男性は産む性として想定されていませんが、トランス男性のなかには出産を経験する者もいます。しかしどこからどう見ても男性であるようなトランス男性が出産する場合も、出産をする時点では戸籍は女性でなくてはならないのが現在の法律における現状です。なぜなら男性へと性別変更する要件には基本的に子宮卵巣摘出が必須とされており、その理由として「手術をしないで戸籍変更できるようになると、男性が出産できることになり混乱するから」といった理由が挙げられています。レアケースですが、閉経している中高年ＦｔＭの場合は、もはや子どもを埋めないので子宮卵巣摘出せずとも戸籍変更可能な場合があります。

一般化された「男性」へのアプローチが欠けると、トランス男性のことはますます後回しにされ、存在がなかったことにされます。政治が社会的なマイノリティに及ぼす影響は膨大です。年配の世代に「仕事する男性像」を押しつける代わりに、若い世代全般の正規雇用を減らした政権に怒りを表明することも、男性差別を減らしていくことの一手段でしょう。

ところで、「男性学は滞っている」という男性、「女性のために、フェミニズムに突撃する」男性も見かけます。なぜまず自分自身の、男性という性別が抱える課題に向き合ってこないのか疑問です。それは男性たちが傍観していれば表向き生活に困らずやっていけたということを意味するのでしょうか。あるいは、別の理由があるのでしょうか。男性の語れなさの背景については、1980年代生まれの清田隆之氏が著書『さよなら、俺たち』でふり返っています。[*15] 清田氏が高校生だった当時はコギャルブームで、女子高生にばかり注目が集まっていました。注目を浴びない男子の一人だった清田氏は、いるだけ（＝being）では価値がなく、代わりに何をやったか、何をもっているか、という行動ばかり（=doing）注目したり、注目されたりしていました。コギャルブームは自覚する一つのきっかけであり、その傾向は多くの男性に共通するものではないか、男性は感じたことや思ったことを言葉にする習慣がつかなかったのではないか、と清田氏は語っています。こうした男性の成長過程に注目すると、男性が自身の問題に向き合う男性学ではなく、女性が中心のフェミニズムに関心をもつことのほうが、存在（＝being）より行動（=doing）に力を注げるので取り組みやすかったのかもしれません。男性にとっては男性学において社会的問題に当事者意識をもって自身の言葉で考えたり語ったりするよりも、フェミニズムに関わって半分当事者で半分傍観者であるようなポジションでいるほうがなじみがあったということでしょうか。あるいは、男性としてただいることが許されてこなかったと感じて、男性単体に着目するような男性学という分野を遠ざけてきたのかもしれません。こうした文脈で「俺たち男は」と清田氏が呼びかけるとき、トランス男性は「俺たち男」のなかに含まれていないでしょう。男性内部にいるにもかかわらず、トランス男性は男性としておそらくシス男性とは別の物語を生きてきたのだと私は考えます。

男性はジェンダー学において「変われない存在」――変わらずにここまでやってこられた、というより自身が変わることによって現在地を脅かされることを警戒していた――として浮上することがあります。しかしトランス男性はその限りではありません。むしろトランスジェンダーは「変わらなければ生きていけない存在」でした。身体的あるいは社会的に、ときにはその両側面において変わらなければ生きていけなかったのです。変わろうとしなかったならば、トランス男性は出生時に割り当てられた女性という性別で一生を終えることになるからです。

さらには、マジョリティに合わせざるをえない場面に遭遇し、自身を変容させることもあったでしょう。自分らしさを押し殺し、世間的に付与されたジェンダーに当てはまろうともがく

＊15　清田隆之『さよなら、俺たち』（スタンド・ブックス、２０２０年）、56～57頁。

事態は、大きく分けて三つのジェンダー表現に対して立ち現れました。女性として、トランスジェンダーとして、男性として、の三つです。トランス男性の場合は女性ジェンダーを求められてそれに応えようとしたり、次にトランスジェンダーであると自覚したならば周囲のシスジェンダーの人々に逐一状況を説明する負担が生じたりすることがありました。それから男性としてパスするようになってからも、シスジェンダーばかりで成り立つ男性の規範に当てはまろうと、変化し続けてきました。どうしたら男性として不自然にならないか、シス男性以上にジェンダー規範を習得する必要性も感じたかもしれません。もちろんはじめからシス男性同然の視点を保持している一トランス男性にとっては、社会的に男性として扱われることの困難はほとんどなくなるのですが、比較対象としてシス男性をまなざし、それを標準として適合させるという視点は共通のものだったと想定しています。そのように変わり続けることによって、トランス男性は存在を維持してきました。その点が、シス男性が「変われない存在」として取り沙汰されるときとの大きな違いです。

トランス男性はシス男性とは異なる内面を育ててきた場合がありますが、ここで注意すべきことは、すべてのトランス男性が社会的な被害者になっていると言いたいわけではないということです。矛盾するようですが、どんな文脈であれシス男性が「俺たち男は」と呼びかけるとき、トランス男性を内包していることがないとは言い切れません。トランス男性のなかにはすっかりシス男性同様の生活を手に入れて、社会的な強者になっている人もいます。もしかしたら「変われない存在」としての男性に仲間入りしている可能性もゼロではありません。トランスジェンダーである人はシスジェンダーとの同化願望があったり、そうでなくとも現実的にシスパーソンと同等の生き方をしている人もいます。そういうわけでトランス男性にも、シス男性の一部が培ってきたような「覇権的男性性（hegemonic masculinity）」がばっちり備わっていることもありえます。

男を男たらしめる、覇権的男性性とは

覇権的男性性とは何か。オーストラリアの社会学者でありジェンダー論を専門とするレイウィン・コンネル氏の著書“Masculinities”（日本語で『複数の男性性』と訳されることがあります）から見ていきます。コンネル氏は男性内部にも差異があることを示しました。そのなかでももっとも規範的で優位だとみなされている男らしさの形態が「覇権的男性性」です。覇権的男性性は時代によって変遷してきたため、どういった性質がそれに当てはまるのか規定することはできません。たとえば平安時代は高貴であることが優位な男性性の証でしたし、戦国時代は武力のある男性が賞賛されました。また戦後の長きにわたって、ホワイトカラーで稼ぎの良い男性が優位にみなされてきました。一方で農村社会では、指導力があるまとめ役の男性が覇権的男性性を保持していると言えるでしょう。[*16]

性のあり方に基づいて強引に分類した場合、シスヘテロ男性は「覇権的男性性」に合致します。それが標準として社会的に設定されているからです。そしてシスジェンダーのゲイ男性は「従属的男性性」、トランス男性（ここではヘテロセクシュアルもゲイも含むこととします）は「周縁的男性性」のような語られ方をしてきました。というより、「周縁的男性性」についてはほとんど語られてきませんでした。周縁的男性性とは、人種やエスニシティなどで周縁化された男性性を指しています。たとえば白人優位社会における黒人男性がそうです。シスジェンダー優位社会におけるトランス男性も構造的には同様でしょう。語られることがない・無視されるという方法によって、男性内ヒエラルキーから追いやられてきました。トランス男性を「トランスジェンダーの男性」としてだけ着目するならば、ずっと周縁的男性性に該当している存在であるように見えます。

しかしながら、社会的な性別を移行してきたトランス男性はトランスジェンダーとしての障壁を越えると、実質的にはシスジェンダー同然の生活を送れる場合があります。たとえば外見によって性別が男女どちらか怪しまれることもなく、性別欄に気を使うこともなく、更衣室で周囲の目を気にせず服を着替えられるといった、シスジェンダーの男女にとっては当たり前に思われていることがトランス男性もできるようになります。そうして完全に埋没（トランスジェンダーだと知られずに希望の性別で生活できる状態）すると、トランス男性はシス男性と見分けがつかなくなります。そのため内面的にも、シス男性のような男性性を帯びる可能性が出てきます。努力次第で稼げるし、結婚できるし、強くなれるといった具合です。社会との軋轢のない身分で居られることはとても楽です。その後はもちろん個人の生き方や努力次第となりますが、「努力でどうにかなる」と思えることそのものが、それ以前の障壁がない状態（あるいは、あったけれどもゼロにすることができた状態）でスタートできる者の特権を意味しています。社会が自分のために存在してくれているような感覚になれますし、その感覚すら忘れることができます。覇権的男性性の基準に則っていけば、それは社会的に価値を認められることと同様ですので、トランス男性のなかには積極的に覇権的男性性を引き受ける者も出てきます。

トランス男性が獲得させせられる男性特権

とはいっても、男性的な特権は男性であれば誰でも手に入るというわけではありません。前提として「特権（privilege）」の意味は、一般的には「特定の身分や地位の人がもつ、他に優越した権利」のことです。優越とは、他より大きな権限をもっていることです。なのでトランス

＊16 男性学の研究者である田中俊之氏は、農業に従事する男性たちの「生きづらさ」については十分な知識をもっていないためまだ言及できない、と男性学において見逃しがあることを脚注で告げています（「男性学は誰に向けて何を語るのか」『現代思想』2019年2月号〔特集＝「男性学」の現在――〈男〉というジェンダーのゆくえ〕、43頁）。男性学の研究者自身の育ちや経歴に偏りがあるので、いまだ公平に分析するのは難しいようです。

男性目線からすれば、「女性であるときには叶わなかったこと（マイナスのある状態）」が「制限を受けない状態（ゼロの状態）」になったとしたら、それだけで特権が付与されたと感じることになります。ゼロ状態から見てプラスアルファで良いことがある、ということだけを意味しません。また、特権を感じさせられることに本人の意思や幸福度は介在しません。トランス男性の姿勢から見ても、「本人は望んでいないにもかかわらず引き受けることになった境遇」において、そこで「社会的に不都合でない」方向へ向かっていることを「男性特権」として認識しているだけです。それを与えられる本人が望んでいるか否か、幸福か否か、はまったく問題になっていません。それゆえ、性別移行を経て急に「男性特権」として実感させられる境遇が立ち現れたとき、トランス男性は喜んで受け入れようとするよりは、困惑したり社会構造そのものに疑問を抱いたりすることがあります。つまり覇権的男性性を引き受けることに抵抗を感じるトランス男性もいます。なぜ以前と同一人物であるにもかかわらず、社会的に男性とみなされてからは遮るものがなくなったのかと。したがってトランス男性の語る「男性特権」は批判的な視線や皮肉を含んでいる様子がわかっていただけるかと思います。

トランス男性がシス男性同然の境遇を手に入れることが可能である一方、男性特権とされるものが自動的に付与されるわけではないことも、トランス男性が実体験として語っています。アメリカのトランスジェンダーの権利活動家である Jamison Green 氏の著書 “Becoming a Visible Man” からご紹介します[*17]（以下は筆者の意訳です）。

「Blakeというトランス男性は、性別移行して社会的に黒人男性となったことで、黒人男性がいかに社会から憎まれているか、彼の兄弟と同じ恐怖、疑い、憎しみと共に扱われることを体感しました。（略）Kimというトランス男性は、男性特権は神話だと言います。というのも、個人差があるからです。Kimの場合は、小さく、多くのスペースをとるわけでもなければ他者へなにか要求するわけでもありません。前提として、特権を得られるからといって身体を変えたのでもありませんが。」

この2人のトランス男性のエピソードは、男性内にも差異があることを示しているように読むことができます。男性は男性といっても、黒人の男性であることや小さい男性であることは、男性として与えられていると想定されがちな特権的立場とイコールにはなりません。ここで「トランス男性であるか否か」は問題となっていないことも注目に値します。

シス男性であっても、黒人の男性であることや小さな男性であることは生活を不自由にさせます。ときには同条件の女性である場合よりも生活しにくい、と感じることもあるでしょう。また、Jamison Green氏が出会ったトランス男性のほとんどは男性特権を求めていませんでした。

＊17 Jamison Green, "Becoming a Visible Man: Second Edition", Vanderbilt University Press, 2020, Kindle-No.67/234.

ただ単にアイデンティティを統合し、自分自身として見られたいと思っているだけでした。つまり男性特権というものはトランス男性が主体的に求めているものではなく、性別移行の理由になっているわけではないのです。それどころか女性との断絶を決定づけるので、男性特権は歓迎されていない節もあります。意図せずともトランス男性ももつものではありますが、シス男性とは分けて捉えるよう"Becoming a Visible Man"において示唆されていました。

メディアにおけるトランス男性の不在

テレビ・映画・雑誌などあらゆるメディアでトランス男性を見たことがない、知らないという人はいるはずです。あるいは、映っていても印象に残らなかったのでしょう。その背景として、三つの要因を挙げます。

一つめは、LGBT内にもヒエラルキーが存在していることです。[*18] 認知度や数としても多く、経済的にもターゲットとして定められやすいのがシス男性のゲイだと指摘できます。レズビアンはそれより注目度が低く、さらにトランスジェンダーとなると人数自体少ないですし、多額の治療費や雇用機会の喪失によって金銭的に恵まれていない当事者が多いため「商売にならない」相手だろうと、企業や政府からみなされます。そのため無視されます。

二つめは、トランス男性はメディアにおける、ホモソーシャルをおもしろがる空気に入っていきづらいことです。ホモソーシャルは性的な意味を排除した「男性同士の絆」として解釈され、女性蔑視（ミソジニー）や男性同性愛蔑視（ホモフォビア）をベースに男性同士がつながりをもつことを意味します。シスジェンダーのゲイ男性や、男性性を保持していたことをネタにするトランス女性の一部は、ホモソーシャル内のからかいやいじりによって「オカマ」や「オネエ」という俗称で呼ばれ、メディアで「ウケる」ことがありました。しかしトランス男性の場合は、状況が異なります。トランス男性自身がホモソーシャルに後からなじんでいくことが難しいことに加え、メディアがトランス男性の扱いに戸惑うということがあります。トランス男性は世間的な理解では「元女子」「かつては女性だった」と表現されたりします（トランス男性自身がそうしたアピールをすることもありますが、男性として生きているトランス男性に向かって非当事者がそのように定義するのは、好ましいこととは言えません）。しかし性別違和に苦しんできたトランス男性にとって、女性性をおもしろおかしく扱われることは歓迎しにくかったり、あるいは本人の意思にかかわらず「大変な思いをして性別移行をしたのだから、さすがにいじってはダメだ」と周囲に配慮されていたりします。そうすると、どこをいじってよいのかわからない、という困惑を生みます。腫れ物にさわるように扱われる、ということです。

三つめは、トランス男性がもはや「ただの男性」、シスヘテロ男性に同化しているため注目

＊18　石田仁『はじめて学ぶＬＧＢＴ――基礎からトレンドまで』（ナツメ社、２０１９年）、「第６章　何のための『ＬＧＢＴビジネス』か」（１５５〜１７２頁）。

しがいがなくなる、ということです。「はい、この人はトランス男性なのです」とメディアが注目したところで、ぱっと見はなんの変哲もないお兄さん・おじさんですから、ビジュアルとしておもしろいと思われません。トランス女性が女性として、ビジュアルを褒められたりいじられたりするのとは対応の差があります。「デブ」や「ハゲ」という侮蔑的な視線を別にすれば、男性の外見に言及する機会そのものが喪失されているため、トランス男性も同様の評価を受けます。そういうわけで、トランス男性はメディアに重宝されにくい、登場していたとしてもとりたてておもしろいところがない、ということになります。

トランス男性の現状から

ここまでに述べたように、大学の研究者を中心に始まったアカデミックな「男性学」、市井の男性を中心に広がった「メンズリブ」が展開されてきましたが、インターネットの普及によって、男性にまつわるテーマは拡大していきました。いわゆる「オタク」がいかなる社会的存在として認知されたかについての話は、２００９年に出版された田中俊之氏の『男性学の新展開』で注目されています。オタクは「理想的な男性像を維持していくための否定的な男性像として」社会に必要とされてきたというのです。[*19]「オタク」と名指されるとき、その人物が女性オタクではなく男性オタクとしてイメージされがちなことも根強い男女のジェンダー差を表しています。また2010年代以降「弱者男性論」が、個人のブログやTwitterという小さなところから徐々に、男性当事者の語り口として拡大しました。男性学とメンズリブがフェミニズムと連動しておこなわれてきたのに比べると、弱者男性論のあり方は異なります。男性学やメンズリブでは俯瞰して「男性特権」を自覚し、男性である自身を責めるような風潮もあり、そのように強固な加害者としての自責意識をもつことは日本に特徴的でした。

さらにその流れが転じて、弱者男性論では個人の生きづらさや拗《こじ》らせている内面に焦点を当てています。すなわち弱者男性論では「自責意識をもたなければならない我々男性」としての被害者意識が見受けられます。両者には男性を加害者であるか被害者であるか、そのどちらかに位置づけて語っているような違いがあるとはいえ、おおよそ女性との関係性をベースにしている点は共通しています。

〝弱者男性〟ということならば、トランス男性もその語り口に含まれるのかもしれない、と私は推測しました。大学の研究者が男性学を流布しはじめた頃、メンズリブで男らしさが話題にされた頃とは時代も違います。男性学が世に知られるようになった1990年代といえば、男女の性役割が強い時代でした。そこで生誕時から女性としての性役割を与えられたトランス男性が男性のなかに組み込まれることの困難は、想像に難くありません。トランスジェンダー

＊19　田中俊之『男性学の新展開』（青弓社、2009年）、157頁。

の医療も法律も整っておらず、ようやく先駆者となるトランス男性が動き出したばかりの頃でした。たとえば『FTM日本』というミニコミ誌を創刊し性同一性障害者特例法の成立に尽力した虎井まさ衛氏[*20]や、競艇(モーターボート)で女性選手から男性選手への登録変更を果たした安藤大将氏[*21]らの活躍がありました。日本国内で初めてFtMへの性別適合手術が実施されたのは1998年10月、埼玉医科大学総合医療センターでのことです。それ以前は医師もまったくの無知な状態でした。そのためトランス男性当事者が男性だと自認し、男性のような格好をしたからといって、ほかの男性のように男性性が割り当てられたケースはほとんど期待できませんでした。時は流れ、トランス男性もごく普通の男性枠に含まれることが十分可能になった今だからこそ、〝弱者男性論〟に親近感をもちました。とりわけ弱者男性論は2010年以降にSNSが広まったことで、権威をもった人物でなくとも社会へ発信することが可能になったタイミングで起こりましたし、強者ではない男性をテーマにしている点で、トランス男性の関わる余地があるように思えたのです。

私は仮説を立てました。トランス男性が日常生活で「性的マイノリティ男性」として扱われることなく、マジョリティさながら男性一般と同一視されている状況がある以上、弱者男性論の当事者となるケースがあるのではないか、と。ふだんトランス男性として可視化される機会は(幸運なことに、今となっては)まずありません。トランス男性はレインボーフラッグや性同一性障害診断書を抱えて生活しているわけではありません。一定程度パス度が高ければ、周囲の男性と同一の存在になって生活しているにすぎません。となれば「弱者男性」として取り沙汰されている男性たちと抱えている悩みは同じではないか、と予測したわけです。

そこで弱者男性論のなかでトランス男性の立ち位置を探ってみることにします。とはいえすぐ判明するのは、やはりトランス男性の姿は簡単には見えてこないということです。トランス男性はどこにいるのでしょうか。男性性の語り口が変わったとしても、まだ姿は見えないのでしょうか。トランス男性は、男性として扱っていいのかがまずわからないため男性枠には入れられず、しかし女性とみなすにはあまりにも内実がわからない、未知の存在でしょうか。

トランス男性は弱者男性なのか？

トランス男性がこれまで男性の語りにおいて存在認知されてこなかった背景は、アカデミックな男性学やメンズリブを見てもわかるように、限られた男性しかターゲットにしていなかったことにあります。男性内の多様性を見過ごさないためには、新しい切り口が必要です。では

＊20　虎井氏は、テレビドラマ「3年B組金八先生」第6シリーズに登場する鶴本直（演：上戸彩）のモデルです。日本で性同一性障害への印象が他国ほど悪くない（精神障害というイメージで忌避されてはいない）のは、金八先生の影響があるでしょう。

＊21　安藤大将『スカートをはいた少年――こうして私はボクになった』（ブックマン社、2002年）。

これまで十分に注目されてこなかった「社会的弱者の男性」という意味で「弱者男性」を想定したとき、そこにトランス男性は含まれるのでしょうか。

トランス男性が「社会的弱者」になる可能性としては、いくつもの要因が思い浮かびます。戸籍上のつらさでマウントをとりたいわけではありませんが、なかなかの数になりそうです。戸籍上の性別や名前が本人の希望と異なっていること、それにより過去の経歴が無効化される可能性のある（キャリアがない）こと、男性として青春を送る経験が大抵の場合乏しいこと、女性差別と認識されるいくつもの事例の被害者になりうること、男性として生活するには胸が奇形であり場合によっては30万～100万円ほどかけて乳腺摘出や乳房切除をおこなう必要が出てくること、男性として求められる生殖機能をもたないこと、就職が困難であることなど。トランスジェンダーの境遇には、「社会的弱者」の要素は枚挙にいとまがないわけです。「弱者男性」にひもづけられがちな「恋愛」と「経済力」の2点に注目しても、困難があるのは明白です。性別が合っていないことによる恋愛の不利・不能、多額の治療費を負担するためそれ以外に用いることのできる経済力が少ない状態がデフォルトであることが、容易に想像できるでしょう。

しかしながら結論からいうと、トランス男性はインターネット上でくり広げられる「弱者男性」の当事者としてカウントされることはまずもってありません。存在が想定されていないうえ、定義に合致しないためです。存在が想定されていない状況とはつまり、トランス男性になじみのない人の脳内では、トランス男性はそのあたりにいる「男性」ではなく、なんだかよくわからない「トランスジェンダーという別属性」として見過ごされていると考えられます。世間的にみればLGBTの権利主張や運動もあるようなので、きっとそこだけにいるだろう、となかば空想的に処理されているのかもしれません。

しかも「弱者男性」の定義に合致しないとは、どういうことでしょうか。それには弱者男性の定義を探らなければなりませんが、実のところ一筋縄ではいきません。『非モテの品格――男にとって「弱さ」とは何か』（集英社新書、2016年）の著者であり批評家の杉田俊介氏は、次のように述べています。*22

「とはいえ、そこで言われる『弱者』の基準は、今もまだはっきりしない。それは労働の非正規性や収入の話なのだろうか。『キモイ』と言われるような容姿の問題なのか。『コミュ障』とも自嘲されるコミュニケーション能力の問題なのか。あるいは実際に恋人や結婚相手などのパートナーがいるかどうか、という話なのか。『キモくて金のないおっさん（KKO）』と言われるように、それらの連立方程式のような話なのだろうか。」

弱者男性の定義がないにしても、ここでは「弱者男性」として想定されるもののなかから2

＊22　杉田俊介「『真の弱者は男性』『女性をあてがえ』…ネットで盛り上がる『弱者男性』論は差別的か？」（文春オンライン、2021年4月27日）。https://bunshun.jp/articles/-/44981

パターンを例にとって、トランス男性の不在を見ていくこととします。

1パターンめとして、男性特有の生きづらさを抱えていながらも男性だからという理由で「マジョリティ」に位置づけられてしまい、そのことに悩む男性はズバリ「弱者男性」の定義の一形態と言えます。この説明によれば、障害を抱える男性や、性的マイノリティの男性はその部分において「マイノリティ」なので弱さを吐き出す余地があり、実質的に「社会的弱者の男性」ではあっても、弱者男性論で語られるような「弱者男性」の範囲外とされます。トランス男性はトランスジェンダーであることですでにマイノリティ属性をもっているため「弱者男性」に該当しないことになります。要するに、「誰にも同情される余地がなくどこを切りとってもマジョリティになってしまう、まさにそんな境遇がつらい」という男性が弱者男性論の主人公なのです。ルサンチマン（弱者が強者に対して抱く恨みや嫉妬や非難）すらもつことができない嘆き、とでも言いましょうか。

2パターンめとしては、フェミニズムに対する反動です。いわゆるアンチフェミな男性です。彼らは「男性を一括して強者扱いし批判するフェミニズムはおかしい」と主張します。「弱者男性」は男性であることで生きづらく問題を抱えているにもかかわらず、男性であることをもってフェミニズムを語る一部から自動的に攻撃対象にされます。「男性は家父長制[*23]の権化であり社会を都合よくつくってきた強者なのだから、男性に問題がある」と、フェミニストから攻撃されているように弱者男性当事者は感じている、ということのようです。

そのため「弱者男性」は自衛のつもりでそうしたフェミニズムをはね返すよう、批判します。なおフェミニズム内部ですでに「男性に問題があるのではなく、性差別があることが問題だ」と指摘されているのですが、弱者男性の耳には届いていないことが往々にしてあります。このパターンも、性的マイノリティでありフェミニズムから〝同情される〟余地のあるトランス男性は、「弱者男性」の範囲外とされます。

このようにトランス男性は弱者男性論で語られる男性には含まれていないため、彼らの主張にトランス男性個人が賛同しにくいであろうことは自明ではあります。また少々の皮肉を含みますが、こうした「弱者男性」がトランス男性と同じ境遇で女性同様の扱われ方をする期間が1年たりともあったならば、「女性でいることのメリット」は少なく、到底耐えられないのではないかと私自身は思うことがあります。女性扱いされることのどこが恵まれているのか、さっぱりわからなかったからです。さらに経験の差異でいうならば、トランス男性は女性の集団に入れられていた過去があり、女性と話したことがある、女友達がいる、というケースが多く

＊23　家父長制とは、家族と家族員に対する統率権が男性たる家父長に集中している家族の形態。一つの家族内だけでなく、国単位でも家父長制の影響を見ることができます。現在の日本の法制度では男女同権とされていますが、実質的に男性優位の家父長制が続いていると言えます。たとえば婚姻における姓の変更で女性側が変更する場合が96％もあること（厚生労働省「婚姻に関する統計」、2016年）、女系天皇がいないこと、職場の重役を男性が占めていることなど。

あります。トランス男性本人の意思にかかわらず思春期に大人にそう割り振られてきました。したがって女性と話したことすらなく圧倒的な距離感がある場合の「弱者男性」像とは、トランス男性は前提となる経験が異なっていることが想像できます。弱者男性の条件として「非モテ（女性にモテないこと）」を挙げる人もいますが、トランス男性の場合は安易に「非モテ」とは結びつかないだろう、と私は予想しています。

別の側面では、トランス男性の場合——少なくとも私の場合——ですが、男性として存在することそのものに一定の喜びを感じているというのが正直なところです。なんといっても、男性であることに焦がれて性別移行をしてここまでたどり着いたのです。トランジションの苦痛に比べれば、男性として存在することが不幸の根源だとはちっとも思えません。やっと男性になれた、男性ってなんて良いものだろう、と節々で感じています。もし与えられる男性としての境遇が悲惨だったとしても、「だから男性やめてやる、俺は弱者だ、死ぬしかない」といった絶望の仕方はしないだろうと想定しています。そういうわけで「弱者男性論」で語られる弱者男性には、トランス男性が含まれる可能性はないと言えるのではないでしょうか。

弱者男性論の抱える問題

ここで「弱者男性」の状況をもう少し探っていきましょう。

弱者男性論と見られるものの一部には「弱者である男性に女性をあてがえ」という主張もありますが、いうまでもなくそうした性差別を支持する理由はありません。なにより「あてがえ」論はあくまで極論です。弱者男性論の代表意見であるかのように受け取ってしまっては、「〝女性をあてがえと主張している者〟として勝手にラベリングしたあげく、まったく話を聞いてもらえない」という弱者男性論の他の要点を抹消してしまうことになります。つまり弱者男性としてひとくくりにされている者たちのなかでも、差異がみられます。

肝心なのは「男性＝強者」と属性で括られるなかにも、一個人として誰にも顧みられることなく苦しみ、男性優位に構築されたシステムで優位に立てないからこそその構造に苦しめられている男性もいるということ、そうした者たちの言葉はずっと無視されてきたということなのでしょう。これは男性全般が被る差別ではなく、一個人の性質に左右されるものなので「男性差別」の範疇とは言い難いのですが、男性ジェンダーゆえの生きづらさへつながっています。

ちなみに「あてがえ」論は、前提として異性愛規範を内面化しています。ゲイ男性がこうした主張のミラーリング（相手の行動をまねることで何が問題なのかを明らかにする手法）として、「では僕には男性をあてがってくれるのですか？（もちろんそんなことは望んでいませんが）」と発言しているところを見たことがあります。そのとおり、「恵まれない自分のために他人をあてがう」とは一方的に自身を「選ぶ側・強者の側」におくという、おかしな主張なのです。本来は強者になれるはずの自分がそうなれないから差別だ、という主張には賛同の余地がありません。

男女の不均衡について語るとき、女性の場合であればもっと被害が見えやすかったことでしょう。社会システムによる明確な女性差別が見受けられるため、一個人の女性が苦しんでいる理由とスムーズにつながって客観的に納得できます。たとえば選挙権がなかった、議員数が少ない、入試で女性への点数操作があったことなどは、数値を見れば誰にでも自明の女性差別です。もっと言えば、これらの不平等は公的な領域で被ってきたものです。それが明るみに出た現代では、社会そのものが女性に不利にできていたのだと、いっそう明確に暴かれつつあります。

しかし男性の場合はそうした社会システムですでに優位に組み込まれている分、「男性だから苦しい」とは言えません。代わりに「男性なのに苦しい」と告白するはめになり、事態は複雑になるのです。しかも男性の言い分としては、公的な領域では「勝手に権利を割り当てられているので勝ち残らなければならない重荷がしんどい」ということで、では権利を手放すほうへ働きかけるべきなのかと疑問がわきます（ここで手放すのは〝権利〟ではなく重すぎた〝義務〟というのが私の見立てですが）。家庭など私的な領域において性別による悩みがあった場合は「個人的な事情なのだから政治的な話題にすべきではない、しにくい」という圧力がかかり、可視化されにくくなります。家庭での男性の権利を拡張するためには「公的な領域で押しつけられすぎた義務を手放す」ことでしか、私的な領域での権利を得られないとも考えられ、双方を一度に達成する困難によって、身動きのとりづらい状況が成り立っています。

これまた極論ではありますが、男性差別を訴えたり、男性が弱者であると主張する男性のなかには、男性差別撤廃のためにはフェミニズムと闘わなければならないと闘志を燃やす者もいます。たとえば次のような発言です。[*24]

「男性差別反対運動をやっていく上でフェミニズムと戦うのは必須である。結局フェミニズムというのは女性人権優先主義であり、男性の人権などは二の次なのである」

これは男性差別の原因を、女性の運動のせいだと捉えているからでしょう。単に男性を憎悪し敵視するミサンドリスト（男性蔑視者）となっている女性に対しては、フェミニズム内部からも十分に批判がなされているのですが、そこには目が届かないようです。

一つ確認が必要な点は、フェミニズムは基本的に女性が主体でなされることが多かった運動なのですから、フェミニスト女性たちが男性の権利に口を出さないのはごく当たり前の話です。フェミニズムが男性の抱える問題の多くを解決してくれると期待するのはお門違いだと言えます。男性自身が何を困っているのか、社会に伝えなければなりません。男性にとって「家父長制が苦しい」という話であれば、同じ主張をするフェミニスト女性とすぐにでも共闘可能性が開けそうです。男性の困難がその用語ですべて解決するのだと決めつけることはできませんが。

＊24　山本弘之『日本の男性の人権』（ブイツーソリューション、２００９年）、１３４頁。

とはいえフェミニスト女性のほうから「男性はこれに困っているはずだから、こう変えるべき」といった提案をするのでは、男性当事者の意見を蔑ろにしてしまいます。それこそ男性が男性特有の問題を主張する場を奪っていることになりはしませんか。それでは本末転倒です。男性の抱える問題を女性に代弁させても的外れな結果になるのではないでしょうか。これはたとえ話ですが、もし包茎ビジネスを女性医師が主導していたらどうでしょうか。男性の身体はこうあるべき、これで男性はモテて幸せになれます、と女性が主張していたら、なかなか気味が悪いと思います。また男性には「ひげそりの貧困」があるはずだから解決しましょう、と女性が言い出すのもけっして歓迎されないでしょう。男性は毎朝ひげをそるのにたくさんの時間とシェイバーを消費しているとしても、体毛処理は女性もおこなっていますし、男性のひげそりにかけるお金は実際貧困を生み出すほどの額ではないと指摘されています。女性が男性の実生活の困難を想像するのはその生活を経験したことがない以上、難しいでしょう。

男女逆の滑稽な光景はよく見かけます。男性の役員だけで「女性の活躍応援団」や、男性社員だけで「便利な生理用品を開発しました」という、まったく的を射ていない場面ならみなさんも見かけたことがあるはずです。女性の自由のため、女性の主体性のため、というならこれらもフェミニズムの一環と呼びうるかもしれません。しかし、的外れで奇妙であるのは指摘するまでもありません。これと逆のことを、女性が「男性のために」という名目でおこなっても結局は同じことでしょう。男性にしかわからないであろう苦悩や不便があるのであれば、男性自身が語る言葉をもたなければ救われることはありません。フェミニズムだけで男性の苦悩がスッキリ解決することはおそらくないでしょう。女性にできるのは、男性の告発を無碍にせず受け止めることくらいです。もしフェミニストを自称する女性が、男性の意見をつぶすことばかりに力を入れている状況があるなら、そのときはその女性の性差別を止めさせるべきですが。

男性差別の実態

実際にどのような男性差別があるのでしょうか。女性差別として可視化されているほど目立った報告はされていませんが、逆にそのことが問題だとも言えます。すでに問題視されている事例もあるので、見ていきたいと思います。

男性差別の詳細については、ワレン・ファレル氏の著書『男性権力の神話――《男性差別》の可視化と撤廃のための学問』で明らかにされています。1993年に原書が出版されて以来、初めて体系的に男性差別を可視化した本として長らく評価されてきました。

『被害者たちは多くの場合、社会の中で最も弱い人たちである。貧しい、若い、孤児である、病気の人、高齢者の人たちである』。これをあなたが読んだとき、男性が思い浮かぶであろうか？　事実として被害者の多くは貧しい男性、若い男性、孤児である男性、病気の男性、高齢者の男性なのである。にもかかわらず女性が、いや女性だけが巻頭で特集されている。[*25]」

男性が権力（特権）をもっているというけれども、実際は「使い捨てられる性」として危険な職業や待遇を充てがわれ「ガラスの地下室」に閉じ込められているのではないか、という問題提起です。男性がないがしろにされている例としては、自殺、過労、ホームレス、色覚障害、精巣ガン、前立腺ガン、難読症、囚人の再犯性などがあります。この本が出た頃（アメリカが湾岸戦争やソマリア内戦への介入をしていた頃）は徴兵制が男性差別の主たる問題として取り上げられていました。今は「戦争」の形態が変わり徴兵制がクローズアップされる機会が減ったとはいえ、サラリーマン的生活のなかに男性の〝戦場〟が移って「使い捨てられる性」としての男性役割が持続している、と指摘することができます。要するに戦争という形態ではなくなったけれども、仕事において死ぬまで働かされる、という男性への抑圧が男性差別として続いています。ちなみにアメリカでは、共同親権が得られない事例も問題になっています。父親が精一杯養って子どもとの関係性をつくっていても、離婚や別居するときには母親が母親であるという理由だけで子の養育権等をまるごともっていってしまう、という「男性差別」です。客観的な「男性の被害が多い」データがあってもなお、男性の問題はまともに取り扱われなかったり、女性に対する対策ばかり優先される、という状況の不自然さに疑問を呈しています。

男性差別がメディアで顕著である点もたびたび指摘されています。『広がるミサンドリー

――ポピュラーカルチャー、メディアにおける男性差別』では、1990年代のアメリカとカナダにおけるポップカルチャーで男性がどれほど酷い描かれ方をしてきたかを示しています。[*26]

他国の紹介ばかりではわからないという方は、訳者の久米泰介氏があとがきで日本の事例を挙げているので参照しましょう。人気漫画『ワンピース』は明確に男性差別ではないか、という指摘があります。ウソップのように弱者であろうが男性なら殴られてもいいが、一方で女性は大切に扱われること。敵の女性は、「なんらかの事情があって悪者にされているだけで実際はそんなに悪い奴ではない」という設定があり、場合によってはロビンのように途中から主人公側の仲間になる女性もいます。

こうした描写は「女性にも感情があり、怒ったり悪事をおこなったりもする」という人間性を女性から剥ぎ取った、女性差別と紙一重だと私は捉えますが、久米氏は単純に男性差別についてのみ指摘しています。事実メディアの与える影響は大きいですから「男性は悪で、悪とい

＊25　ワレン・ファレル／久米泰介訳『男性権力の神話――《男性差別》の可視化と撤廃のための学問』（作品社、2014年）、22頁。

＊26　ポール・ナサンソン、キャサリン・K・ヤング／久米泰介訳『広がるミサンドリー――ポピュラーカルチャー、メディアにおける男性差別』（彩流社、2016年）。
　同じくポール・ナサンソンとキャサリン・K・ヤングは『法制度における男性差別――合法化されるミサンドリー』（久米泰介訳、作品社、2020年）で、男性への差別・蔑視が合法化されていると訴えています。

えば男性」という社会的偏見が高まることはよくありません。法律による明確な男性差別がなかったとしても、司法の場で「同じ罪なのに女性は罪が軽く、男性は罪が重い」という男性差別を引き起こす背景にもつながっています。

また、男性なら被害を受けてもいいという風潮も撤廃すべきでしょう。男性が被害を受けても黙るしかない現状は、たとえば結婚生活から離婚においてもたしかにあるようです。『ぼくたちの離婚』(稲田豊史、角川新書、2019年)という一冊は、離婚を経験した男性たちに、離婚に至るまでの経緯や顚末を聞いた珍しいルポルタージュです。女性の離婚は「被害者」として認知されるけれど、男性の離婚は「甲斐性なし」として恥の上塗りをされておしまいにされてしまう、と述べられています。妻が夫を束縛したり、不倫のために共同の貯金を使い込んだり、夫へ暴力を振るったりするケースもあります。しかし女性側を被害者として見る風潮が強いと、男性の被害が見えてきません。それくらいの不具合は結婚生活では当たり前だろう、男側が我慢して受け止めなければ、と男性が抱え込むことで被害は膨らんでいく一方です。『ぼくたちの離婚』の語りは、いわば男性版の「#MeToo」だと言います。

そして離婚と同時に問題にされるのが、子どものいる家庭における養育権です。日本の民法819条1項では単独親権が規定されるだけであり、未だ「共同親権」が認められておらず、父親は養育権を得にくいという実態があります。男性がどれほど良い父親として努めていたとしても、女性が母親であるというだけで優位な立場で子どもの単独親権をもっていってしまう、という事態が発生しています。

ところで男性差別に関して、トランス男性としてあとから男性社会に組み込まれた私の一意見も述べたいと思います。男性用トイレに小便器ばかり、ひどいところでは小便器しか設置されていないのは男性差別ではないかと実感しました。トランス男性の身体では基本的に道具がないと立ちションはできませんが、小便器しかなかったら大便をしたいシス男性も困るはずです。排泄の自由が得られないのですから、これは建築以前の段階で必要な視点かと思います。とはいっても、男性用トイレを使い始めた初期段階で知り合いの男性にこの話をしたら、「（あなたは女性なのに）なぜ男性トイレの小便器がそんなに問題だと思うの？」と問い返され、その男性自身が問題だと感じたことはないようでした。そのとき私はまだ女性としてアルバイトをしていたため、その現場では他のスタッフの目を気にして引き続き女性用トイレを使用して、それ以外では男性用トイレに入るようになっていました。またあるとき露天風呂に入ったら、外から丸見えなのではないかと思う場所もありました。そこは女湯のほうはしっかり外から見えないように隠れているようでした。

男性の裸体だけ他人の視界に入っていいということはないはずです。いまだ女性身体に対して外見の評価がなされることや晒されることもありますが、「女性の身体をジャッジすべきではない」という価値観は少しずつ共有されるようになってきました。一方で男性の身体に対しては、「それは良くないこと」として誰かが止めてくれるわけではない、という状況が男性差別として根強く残っているようです。

日々生活するなかで、実質的に男性差別と感じられる状況があっても、素通りしている男性はきっと多いかもしれませんし、素通りしている女性も多いはずです。それが問題です。男性の存在を理不尽に軽視する状況に気づいた時点で男性自身の声がより大切です。そして、男性の感じている不安や、制度上で可視化されにくいが実在する男性差別の構造があることを見過ごさないよう、男性ではない性別の者も認識することが必要です。

いったい男性差別を引き起こしている原因は何なのでしょうか。それは女性でしょうか。男性差別の原因が女性個人にあることもあれば、男女の性差であることもたしかにあります。しかし影響を及ぼしているのは、性別という一つの判断軸に限りません。ためしに世代格差の影響を見てみてはどうでしょう。経済格差や働き方の違いによる差です。そこを無視してまるっと「男性」で済まそうとするために、「男性」内の整合性がとれず、男性から男性に対する差別的な言動がありながらも十分に問題視されてこなかった面があります。もとをたどれば、そうした世代格差を生んだ政権・政策に男性差別の原因があるのではないでしょうか。若者の男性にニートやフリーターが増えた背景は、別段同年代の女性のせいではないでしょう。その分の正社員の役割を上の世代で牛耳っている（そう仕向けられ続けてきた経済成長期の圧力が今なお続いている）からであって、その構造に女性だけが直接的に関係しているわけではありません。むしろ構造から弾かれてきたのが女性だとも言えます。構造の温存に手を貸してきた女性を問題視することは一定程度必要になりますが、女性だけが問題にならないのも事実です。だから性別問わず共闘して解消していけるはずの男性差別の問題もあるのです。

これまた『ぼそぼそ声のフェミニズム』（栗田隆子、作品社、2019年）に見るような女性の立場からすれば、「職につけない・つかない」「結婚できない・しない」同条件の女性も存在しているにもかかわらず、社会は男性ばかり可視化して、女性のニートなどはなから想定していないではないか、とずばり指摘されることでしょう。

そして時代の変化を垣間見るのであれば、男性が異様なまでに仕事に打ち込む場面も、徐々に減ってきてはいます。『主夫になろうよ！』（佐川光晴、左右社、2015年）によると、2004年ツヴァイ（zwei 結婚相談所）調査では、独身男性の10人に1人が「結婚したら主夫になりたい」と答え、既婚男性のほぼ3人に1人が「主夫になってよい」と答えています（36～37頁）。そしてまた、外での仕事を女性が担い、家事育児を男性が担うライフスタイルに賛同する女性も増えています。こうした新しい男性性の勃興を見るときに少々気がかりなこともあります。男性性に新しい視点をもち込んできているような佐川光晴氏も男性学の伊藤公雄氏も、「ここは〝男らしく〟僕らがやってやろうぜ」と枕詞のような励ましをつけて男性を鼓舞する風潮が見られることです。本来はそうした「男らしさ」を手放すことこそが男性自身の生きやすさにつながっていくはずです。

男性学のなかで幾度も語られているように、フェミニズムが「男性全般を悪とみなして、男性の多様性を語るのをやめている」傾向がどこかにある点は否めません。明確に、問題です。それは男性差別を見えにくくしてしまいます。一方で、男性学も同様です。「女性全般を悪とみなして、女性の多様性を語るのをやめて」しまったら元も子もありません。同じ穴のムジナです。

「男性差別撤廃運動というのは女性差別撤廃運動と本質的には対立するものではない、並立するものだ。並立することで男女平等は実現できる。（略）だから男性差別をなくす運動は男性が進めていかなくてはならない。フェミニズムが実現したように、マスキュリズムも同じことはできるのだ。」

いくぶんか男性だけの権利に接近する節はありますが、前掲の『男性権力の神話――《男性差別》の可視化と撤廃のための学問』の訳者である久米泰介氏が同書「訳者あとがき」の「終わりに」で述べた内容の一部には賛同します。

話を戻しますが、男性の問題を解決したいと思う男性がフェミニズムに嫉妬して敵視するのは的外れです。女性の権利を守るために女性たちがフェミニズムの文脈で戦ってきたのと同じように、男性のほうでも運動を盛り上げていけばいいという話です。女性ができるのはその道を阻害しないことであって、男性の代弁をすることではないと私は考えます。非当事者が代弁することは、実質的に当事者への支配構造が生じますから、男性自身が望む男性差別解消とは真逆の結果になるリスクがあります。

批評家の杉田俊介氏の見立てによると、[*27] 幸運なことに、すでに女性たちは男性側のそうした運動を待ち望んでいるのではないか、ということです。男性たちの変革はもうすでに女性側から許されているのです。だから男性たちが自分たちの課題に立ち向かうとき、女性によってその道が阻害されることは、フェミニズムが男性から反発されたほどには多くないでしょう。このやり方はもちろん丁寧に進んでいかなくてはなりませんが。

ラディカル・マスキュリズムへの警戒

男性側の運動をしていくには、男女の境界線を強く引かなければならない、と主張する男性も現れることでしょう。つまり、ラディカルなメンズリブやマスキュリズムへの呼びかけです。

「性支配という社会的権力は、たんに個人主義や性の多様性を主張することによっては消え去るものではない。だから、何度でも、男／女の間に、強く濃く、はっきりと線を引かねば

＊27　杉田俊介「ラディカル・メンズリブのために」『現代思想』２０１９年2月号（特集＝「男性学」の現在――〈男〉というジェンダーのゆくえ）。

ならない（略）男たちは自分たちにとってのリブ（自由、解放）をあらためて構想し、それを生きるのでなければならない。[*28]」

しかし男性の運動を支持する一方で、そうしたラディカル・マスキュリズム的な思想を私は警戒します。それだけでは男女二元論（性別を男性と女性の二つに分類する社会規範）からはみ出るトランスジェンダーや、クィア（性的少数者）な人々を無視することになってしまいます。ラディカル・フェミニズムがＴＥＲＦ（Trans-exclusionary radical feminist の頭文字。トランス排除的ラディカルフェミニスト）へ転じることがあったように、ラディカル・マスキュリズムにしてもいつでもトランスフォビアな主張へ転じる気配があります。最悪の場合は男／女の間に線引きをしたことで、トランスジェンダーへのミスジェンダリング（相手のジェンダー・アイデンティティと異なる取り扱いをする差別。たとえばトランス男性を女性扱いすること）が引き起こされることも予測できます。もしラディカル・マスキュリズムが方向を間違えば、よりによってトランス女性を男性側に位置づけ、彼女たちを女性ではなく男性の多様性の一つとして受け入れようと主張することもあるでしょう。「大丈夫、男性に生まれたあなたたち（トランス女性）はわざわざ女性にならなくても、男性として生きていけるよ」というわけです。もちろんこれでは手の広げ方が間違っています。トランス女性は男性ではありません。そうなったら逆に、トランス男性が男性内の多様性の一つとして認知されることはなくなります。

ただし男性学・メンズリブ・マスキュリズムなどの影響が拡大していったとき、シス女性と同化する前のトランス女性がその好影響を受ける可能性については否定しません。男性中心の運動、女性中心の運動といっても、実際はその範囲はシスジェンダーの男女が想定しているほど明確な「男性」「女性」に固定化されていないからです。そのことはトランス男性とフェミニズムの関係においてすでに見てとれます。たとえば戸籍女性への差別がなくなれば、同じく戸籍が女性である場合のトランス男性は助かります。「女性のため」という名目であれ、生理用品が減税されたらそれを使うかもしれないトランス男性は助かります。また女性たちの取り組みにおいてトランス男性側へゆるやかなつながりが維持されていることで、シス男性文化になじむ前のトランス男性は恩恵を被る場合もあります。トランス男性が女子大入学後に男性としてカムアウトしたからといって退学にならずに済むこと、「FtM可」のレズビアンバーがあることなどは、すぐさまシス男性コミュニティになじみようのないトランス男性の一部が、そうした女性コミュニティに連なる処置によって居場所を失わずに済むことを示します。今まで男性学の影響力が大衆レベルではきわめて弱かった分、そこにトランス女性がひもづけられることはありませんでした。今後の男性運動次第ですが、男性運動が活発になればいくぶんかトランス女性でも生きやすくなる人が出てくることはあるでしょう。男子生徒扱いだからといっ

＊28　杉田、同＊27。

て坊主にしなくていいし、水着で上半身裸になる必要はない、などと選択肢が増えればそれによって救いを感じるトランス女子もいるのは確かですから。男女の境界線を力強く引くとき、そこで基準とされているのはシスジェンダーの男女であって、トランスジェンダーの男女ではありませんでした。したがってトランスジェンダーの男女がそのシスジェンダー中心に発展してきたフェミニズム、また発展途上の男性学にのれないことがあったとき、もう一方の性別中心の運動のほうがなじみやすいということは往々にして考えられます。さらに、Xジェンダーやノンバイナリーなど男女二つの性別にはまらないトランスジェンダーの人々もいます。

ゲイル・サラモン氏は、その著書『身体を引き受ける——トランスジェンダーと物質性のレトリック』において、女性学とトランスの関係性について「ジェンダーを二元論的なシステムとして制定し、保証しうるのはトランスの主体が女性学から追放される限りにおいてのみである」と述べました。[*29] これは女性学に限らず、男性学においても同様の指摘ができます。男女二元論に終始すると、それはすなわちシスジェンダーの男女が主体であることを意味していますから、そこでトランスの主体が語られることはありません。

ちなみに男女二元論によって主体を失ってしまうことがあるのは、トランスジェンダーに限った話ではありません。単にシスジェンダーの男女として二つの性別に分けたときも、それがかならずしも差別解消に役立つわけではないのです。男女の枠組みを分けて考えるべき問題は山ほどありますが、そればかりではないからです。そもそも人権問題として、男女の区分が不必要である問題もあるのですから。たとえば「同意なく他人の身体にさわってはいけない」というとき、そこに男女の区分は不要です。もし「同意なく女性の身体にさわってはいけない」とだけ言えば、では男性の身体は大切に扱われないのか？という男性差別になります。また女性の身体だけを崇拝し神格化することで、そのひと個人の人間性を無視することになるため女性差別にもつながります。[*30]

男女の線引きはあくまで性差別解消の手段であって、本質主義に陥ることには賛同しません。それはトランスジェンダーである私の身体と経験がまさに反証となります。それゆえラディカル・マスキュリズムには慎重になります。

＊29　ゲイル・サラモン／藤高和輝訳『身体を引き受ける――トランスジェンダーと物質性のレトリック』（以文社、2019年）、156頁。

＊30　男女の境界を引いたうえでフェミニズムに同調する男性のなかには、ただただ女性差別を傍観したい立場の人もいるように見受けられます。男性が主語を「私は」と語るべき場面もあるにもかかわらず、いつまでも「女性は」とだけ主張することは、ときによっては、その男性が思考停止して課題を放棄したいだけのようです。はたまた『上野先生、フェミニズムについてゼロから教えてください！』（大和書房、2020年）における上野千鶴子氏と田房永子氏の対談で指摘されていたように、「男を代表してごめんなさい」（170頁）という言い回しも、女性差別という根深い問題を個人対個人に矮小化している点で腹立たしく思われることがあります。線引きを不適切におこなうと課題がズレてしまいます。

コラム 『幽☆遊☆白書』から読みとるトランス男性の不在

トランス男性がどのように透明化されるかを、アニメを見ていても実感してしまうほどです。冨樫義博さんの漫画である『幽☆遊☆白書』はご存じでしょうか。主人公の浦飯幽助が死亡したところから物語は始まり、生き返るための試練を受けるというストーリーです。そのアニメ版を視聴していて驚いたことがあります。といってもトランス男性は透明化されているという話をするのですから、不在であることの証明をそのまま進めることはできません。

トランス男性の不在を確かめるためには、まず対比的存在としてトランス女性の表象から見る必要があります。『幽☆遊☆白書』のアニメ版の第24話についてです。敵として登場する美女・魅由鬼は、「妖怪のニューハーフ」という設定でした。外見は女性にしか見えないほどパス度の高いトランス女性だと言えます。その人物は主人公・浦飯幽助によって体にふれられた後、「そいつは女じゃない、男だ」「女なら一応手加減するつもりだったけど、そいつは男だから手加減しない」と言われ、顔や胸を殴られたうえ倒されます。女性全般への見下し――幽助が勝ったら「手加減したのに勝てた」と誇るでしょうし、負けたら「手加減したのだから負けてしかたないし、実質負けてない」といずれにしろ幽助に都合よく解釈可能です――とともに、トランス女性に対する差別と同じ発言を主人公がするものですから、すっかり嫌になってしまい、それ以上観られなくなりました。トランス女性やトランス女性に近い存在として描かれる登場人物は、このような露骨に差別的な表現をされることが珍しくありません。

では、一方でトランス男性はどうでしょう。もし幽助の対戦相手がトランス男性だったら、「そいつは男じゃない、女だ」といって手加減してもらったのでしょうか。いや、違います。そうしたら主人公である幽助がボコボコにやられて終わることでしょうし、それは少年漫画・少年アニメとしてありえない展開です。それ以前に、男性にしか見えない場合のトランス男性の身体を、男性主人公である幽助がさわることはなかったでしょう。男性（的に見える人）を男性がさわることは、主人公にも視聴者にもなんのサービスシーンにもならないとみなされてきたからです。これは男性の同性愛嫌悪を示しています。

女性に見える「妖怪のニューハーフ」相手なら胸と股間をさわる描写が許されているようです。〝本物の〟女なら単に主人公や視聴者が喜ぶだろうし、〝見せかけの〟女なら手加減せず倒せる、というどのみち〝お得な〟描写なのでしょうから。

男同士の絆や男らしさのアピールとして、男性が男性の身体イメージに注目する場面はあります。そこでは「たくましい」「体が大きい」「あいつには勝てない」という包括的な印象がすべてであり、具体的な身体的特徴に言及されることはないようです。
トランス男性であるトーマス・ページ・マクビー氏は、著書『トランスジェンダーの私がボクサーになるまで』において、ボクシングジムの更衣室での実体験をこう述べています。*

「あるとき思いきってタオルを床に落としてみた。誰もその反抗に気づかなかった。それというのも、ある悲しい幸運が私を守ってくれていた――こんな体を想像できる人間などいなかったのだ。ゲイだと言われるのを恐れるあまり、誰も私の性器に目をやろうとしなかったし、見たとしても黙っていた。」

* トーマス・ページ・マクビー／小林玲子訳『トランスジェンダーの私がボクサーになるまで』（毎日新聞出版、2019年）、81頁。

第3章　トランス男性の発掘

さてトランス男性は、ジェンダー学（それが男性学であれ女性学であれトランスジェンダー学であれ、もっと広く社会学のジェンダー分野であれ）において、いったいどこにいるのでしょうか。トランス男性を表出するためには、三つの切り口があるのではないか、と提案します。

男性外部からのアプローチ

一つめは、男性学の外側からアプローチする方法です。もっとも一般的なのは、フェミニズムの範疇、またはフェミニズムと連なるかたちでトランス男性の存在を述べるという方法です。フェミニストや、ときにレズビアンフェミニストであった人が後にトランス男性としてカムアウトする事例はこれまでもありました。イギリスの例では Charlie Kiss 氏が "A New Man: Lesbian. Protest. Mania. Trans Man", Troubador Publishing, 2017. というタイトルで本を残しています。Charlie Kiss 氏は30代前半までレズビアンとして生活しており、世界的秩序を支配しているように見えた男性に対して怒りをもっていました。けれどもそんな自分自身が男性としての性別移行を望んでいると知り、葛藤を抱きました。日本の例では『トランスジェンダー・フェミニズム』（インパクト出版会、2006年）の著者である田中玲氏は、レズビアンコミュニティやフェミニズムとも関わってきたFtM系トランスジェンダーです。フェミニズムとトランス男性の関係については第4章で詳しく見ていきます。また、トランス男性だけでなくフェミニスト女性から見ても、同じ経験をしてきたものとして、トランス男性に対してシンパシーを抱いていることがあります。

本当に女性として自覚していたか否かの差はありますが、女性的体験を経てきたトランス男性がまずフェミニズム内部で自身の立ち位置を探すことは性別移行のステップとして妥当だと言えます。もちろん幼い頃から男性としての持続的な自覚をもてていたトランス男性の場合は、女性を主体としている印象のフェミニズムは完全に他人事だったことでしょう。ただし、他人事にできなかったトランス男性もいる、という別のエピソードを本書においてはふれていきます。

女性としての範疇に据え置かれることの多いフェミニズムを卒業すると、ついでLGBT運動やクィア・スタディーズなどセクシュアルマイノリティを取り扱う範疇でトランス男性を解釈することもあります。しかしながらトランスジェンダーといったとき、すぐトランス男性にたどり着くことはありません。まず男性が女性装をすることを前提とした異性装者（トランスヴェスタイト）から歴史が始まります。やがて手術を前提としたトランスセクシュアルの概念が登場します。手術に関しても、トランス男性よりトランス女性のほうが先でした。2000年をすぎるようになってようやく、生き方としてトランスジェンダーの存在が認知されていきましたが、そこでも女性から男性への性別移行をするトランス男性への注目度は低いままでした。いずれも、良い話題も悪い話題もトランスジェンダーの女性のほうに注目が集まることが多く、トランス男性の物語は積極的には見えてきません。トランスジェンダーの権利のために長年活動してきたJamison Green氏は、トランス男性（ＦｔＭ）の不可視化を気にかけています。すでにあるＭｔＦ中心のトランスジェンダーコミュニティでＦｔＭ側が学ぶことはあっても、その逆はありませんでした。[*1]また、相手が心理療法士や医療従事者であっても、男性から女性へ性転換・性別適合するＭｔＦに関する理論と判断に基づいていたため、ＦｔＭはそのステレオタイプを打破しなければなりませんでした。[*2]

治療が主流になったのはこの20年あまりの話です。それまでのトランス男性はどうやって日々を過ごしていたのでしょうか。男装して男性的生活を送ることが可能だったとしても、性別違和であることを説明する言葉も登場していない環境下です。まず生まれたときに割り当てられた女性という性別をぬぐうために骨を折らなければならなかったことでしょう。[*3]

＊1　Jamison Green, "Becoming a Visible Man: Second Edition", Vanderbilt University Press, 2020.

＊2　Aaron Devor, "Ftm: Female-to-Male Transsexuals in Society", Indiana University Press, 2016. のなかで、Jamison Green氏が"Orginal Foreword"（オリジナルの序文）において言及しています。

＊3　小説ではありますが、『ハーフムーン街の殺人』（アレックス・リーヴ／満園真木訳、小学館文庫、２０２０年）は、19世紀末にロンドンで生活していたトランス男性レオ・スタンホープが主人公です。彼のモデルとなった人物は、本当にトランス男性だったのか、それとも当時男性にしか認めら

フェミニズムまたはLGBT運動やクィア・スタディーズという、男性として生きる人々からすれば〝外部〟にあたるところからトランス男性を見出す手法は、これまで他のフェミニスト、アライ（LGBTを理解し支援する人）、トランス男性当事者が試みてきました。そのため私は本書において、この第一のアプローチは強調しません。ほか二つの切り口に重点をおいていきたいのです。

男性内部からのアプローチ

二つめの切り口として、男性学の内側からトランス男性に呼びかける方法があります。というのも、性別移行をひと通り済ませたトランス男性が現に男性として生活している以上、男性の内部につねにすでにトランス男性も存在しているからです。

男性学がシスヘテロ男性向けに呼びかけてみたとしても、すでにその「男性」内に、誰に気づかれなくともトランス男性が埋没していることがあります。むしろ、「元女性」や「トランスジェンダー」と呼びかけられるのを好まないトランス男性の場合、積極的にシスヘテロ男性に擬態しているかもしれません。これは別段、トランス男性が嘘をついているのではありません。幼い頃のエピソードにはトランスならではの、シス男性とはやや違うエピソードが含まれている可能性がありますが、そうはいっても男性として社会的生活を送っている現在の話題であれば、実質シスヘテロ男性と変わらないことがあるのです。

すっかり性別移行を済ませたトランス男性は、もはやトランスジェンダーの自我が薄れてきて、昔から自他ともに男性であった、シス男性と変わらない振る舞いを覚えます。また、女性愛者であるトランス男性であれば、ヘテロ男性ということになります。したがってあえて演じたり合わせたりするまでもなく、シスヘテロ男性と区別がつかなくなります。それなりにホモソーシャルを内面化させていたり、「自分が男なのだから稼がなきゃ」「職場でリーダーシップを取らなければ」などと〝男性の生きづらさ〟をすっかり抱えていたりすることもあるでしょう。[*4]

＊4　本筋とは逸れますが、実際のところトランス男性が男性として生きるようになったからといって稼ぎはよくなるわけではないようです。その理由として、Jamison Green 氏は以下の要因を挙げています。性別移行によって失業や転職をしていること、ホルモンを服用したからといってすぐに社会生活が変わるわけではないこと、男性の階層ゲームをプレイするために育てられていないので、しばしば無意識のうちに「私はナンバー2です」という合図を出していること。3つ目のことは、企業が男性マネージャーに期待するような積極的なリーダーシップを、シス男性ほどは培ってこなかったということでしょう（Jamison Green,〝Becoming a Visible Man: Second Edition〟, Vanderbilt University Press, 2020, 3.A Vision of Community, Kindle-No.70/234.）。

れていなかった医師になるために男性を装っていた女性だったのか、真偽の程は不明です。しかしいつの時代もトランスジェンダーはいたのだと実感できる、ごく自然な描き方が魅力的な作品です。レオの場合は家族から離れることで娘だった自分を過去のものにし、新天地で男性としてのみ生きていきます。

最悪の場合ですが、移行していないトランス男性（かつて自分がそうであった存在）に対して「そんなのは男ではない」と距離を置いて、実質トランス差別に加担している可能性すら含まれています。それこそ、シス男性がトランス男性を差別する構造と何ら変わりありません。ジェンダーを移行するとは、それほど幅広い経験をする可能性があることを意味します。たとえばの話ですが、トランス男性が男性客として風俗店を利用するとき、相手の風俗嬢が実は移行前のトランス男性だった、という状況もありうるのです。一見シス男性とシス女性のやりとりに見えても、実は両者ともにトランス男性である、という可能性も否定できません。

男性学の内部にトランス男性がいる場合があるにもかかわらず、最初から今に至るまでシスヘテロ男性しかいないだろうと決めつけているのは、従来の男性学の過ちだと指摘できるでしょう。既存の男性学は「どのようにトランス男性の男性性を含んでこられなかったのか」を問われると同時に、「もしかしたらトランス男性がすでにいたにもかかわらず見過ごしていただけではないのか」と問われるべきでしょう。

この点は、ゲイスタディーズが男性学以前から独自の道を走ってきたこととは明らかな違いがあります。（シスジェンダーの）ゲイ男性がシスヘテロ男性から従属的男性性を与えられているとき、トランス男性はまったく想定されていなかった男性ゾーンの外部（周縁的男性性）から、今ではシスヘテロ男性の内部に同一化（覇権的男性性の習得）して、入り込んでいるかもしれないわけです。

新しい視点から

三つめの切り口として、未開領域からトランス男性の男性性を掘り起こしてみることを提案します。これは、トランス男性に固有のポジションを与えることと同義です。ほかのジェンダーとひもづけることなく、トランス男性をトランス男性として象ったとき、そうしなければ見えてこなかった物語も見えてくることでしょう。くり返すようですが、トランス男性の固有性を強調することは、トランス男性を男性の範囲外とすることを意味しません。トランス男性は男性だが、シス男性とは違う部分があると伝えたいだけです。[*5]違いには2種類あります。シス男性と同じでありたかったがなれないために生じる違いと、シス男性と同じでありたくないがために生じる違いです。そのうちとくに後者にスポットライトを当て、トランス男性が自らトランス男性性を尊重するあり方を示します。

私は第二と第三のアプローチをとって、トランス男性の男性学を展開していく必要性を主張

＊5　この点は、山田秀頌氏による論考「可視化か不可視化か――トランスジェンダーのパスの経験におけるジレンマ」『現代思想』2021年11月号（特集＝ルッキズムを考える）にも同様の記述があります。

します。トランス男性が男性内部に、それこそシス男性と区別がつかないほど自然に存在していること、また、そうでありながらトランス男性ならではの男性性があるかもしれないことです。ただし、先ほど提示した三つの切り口はときに交差しています。半分はフェミニズム内だが、もう半分はトランス男性の独自性を発揮しているということもありうるのです。また、シスヘテロ男性同然の生きづらさを抱えていながら、ときにトランス男性特有の課題にぶつかることもあります。平面上で考えるよりも、トランス男性の領域を立体図のように捉えていただくと、その存在がいかに複雑で、どれか一つのアプローチだけでは象れない存在であるかわかるでしょう。

第4章
◆第一の切り口◆ フェミニズムに囚われるトランス男性

なぜトランス男性とフェミニズムは親和性をもちうるのか

トランス男性を包括するトランススタディーズというと、フェミニズム内部に位置づけられるか、フェミニズムから派生したものという印象をもたれることでしょう。トランススタディーズを展開していくには、フェミニズムが十分参考になります。フェミニズムではすでにジェンダーの構造、とりわけ権力関係を暴いてきましたし、歴史的なカテゴリーとしてジェンダーを位置づけてきたからです。両者は手法が似ているのです。このように大枠として関連性がありますが、別段体系立てた話に終始せずとも、歴史性になじみのないトランス男性個人がフェミニズムに影響を受ける可能性もありすぎるほどあります。

実体験を思い返せば、女性として位置づけられることの弊害は多分にありました。仕事終わりに自宅への夜道を歩くことすら困難でしたし、レイプされるか殺されるかという男性からの恐怖を植えつけられた経験もあります。「女の子なのだから危ない」という理由で、すでに航空券も予約していたにもかかわらず海外旅行を断念させられたこともあります。進学を希望した際は、「わざわざ遠くへ行かずに家庭のことをまともにやってほしい」というような、およそ男子生徒であったなら言われなかったであろう発言も受けました。私が女性ジェンダーとして被る災難は事実であるために、なにか諦めなければならない場面は他にもありました。それらの経験は私が「女性としてみなされていたから」だと解釈しています。以上は私の例ですが、女性内部の一員として理不尽な経験をしてきたトランス男性は、本格的に社会的な男性化を迎える前に、ラディカル・フェミニストになる傾向があります。

フェミニズムとは、「性にもとづく差別や搾取や抑圧をなくす運動」[*1]のことです。男性に反対する運動ではありません。問題は性差別であり、性別に関係なく問うべき問題なのです。しかしながら、フェミニズムのなかで女性の声を消さないためには、男性はそこでの距離を考える必要がある、と私は考えています。男性がフェミニストを自称する際には十分慎重にならなければなりません。また、男性に特有の性差別を取り扱う場合はフェミニズムではなく男性学の領域で展開していくほうがいいでしょう。

私は男性的な外見に近づいたことで、前述のような生を脅かされる危険性は格段に減りました。ただただ生きていられるということだけでも、「男性」には特権があると感じられるほどに変化しました。宅配が家に届くときの警戒心を抱かなくていいこと、女性名を使うとつけねらわれるのではないかと心配せずに済むこと、男性物の洗濯物を外干ししても抵抗が少ないことなど、具体例はたくさん浮かびます。女性の境遇である人に立ちはだかる仕事の格差や出産で負うリスクといった話はそのうえでのことです。

生活が男性的になっていくにつれて、私はフェミニストだと自称・自認しなくなりました。通っていたレズビアンバーにももう行けません。女友達を誘うときにも以前よりは気をつかいます。それは私が男性に移行してきたからです。私は境遇上トランス男性に当たりますが、「あなたは男性ですか?」と証明を求められたら、そんな問いには興味がないし知らない、しかし現在は概ね男性のように生活しているので男性ということにしておいたほうが生活形態に則して都合がいいでしょう、と事実を告げるだけです。シス男性が「本当に自分は男性なのか」「なぜ男性なのか」「男性であるとはどういう状態か」と毎瞬間考えていないのと同じくらいには、別段私も考えたくはないのです。けれども、一旦「もはや〝男性〟なんだろう」ということになってその状態が持続するならば、その身の置かれようも考慮して、今までのように女性スペースに入るわけにはいかないことを自ら了承しています。そんなふうに生活しています。フェミニズムの思想と実践に意図せずとも救われてきた分、男性とみなされる今は、その席を退いていたほうがいいように思っています。[*2]

＊1　ベル・フックス／堀田碧訳『フェミニズムはみんなのもの――情熱の政治学』(エトセトラブックス、2020年)、8頁。

＊2　トランス男性と似た境遇にあたる人が、「フェミニズム」と「男性も含むセクシュアルマイノリティ」の連帯を望んでいる事例もあります。シスジェンダーの異性愛男性中心の社会によって、ゲイやト

「ピンクの赤ん坊」だったトランス男性

けれどもトランス男性を最初から男性学の範疇で話題にすることは難しい事情があります。なぜならトランス男性は、オーストラリアの社会学者コンネル氏の表現を借りると「ピンクの赤ん坊」[*3]だったからです。生まれたときから服によってレッテルを貼られ、ジェンダーの習得が開始します。シス男性が「ブルーの赤ん坊」に通常振り分けられているとき、トランス男性はその始点が違っていました。ピンクの赤ん坊は、受動的で、従順で、可愛らしくあることを求められます。成長してもそこから自由になるどころか、ますます社会的な性役割が強化するのはみなさんもなじみ深いことでしょう。

「機が熟すと、かつてのブルーの赤ん坊たちは、車を走らせ、数学の方程式を解き、市場で競走して生活費を稼ぎ、かつてのピンクの赤ん坊たちを追いかけまわすことを教えられる。かつてのピンクの赤ん坊たちは、料理をし、人づき合いがうまく、言われたことをそのまま行い、かつてのブルーの赤ん坊たちのために魅力的になるようにと教えられる。[*4]」

出生時に割り当てられた性別が男性ではなく女性であった以上、その女性という性別を退けるためにまずは尽力せざるをえません。しかしながら、そのように出生時に女性であり思春期もほとんど女性であり、成人してようやく既存の男性に合致するような存在は、男性学内で想定されてきていませんでした。現男性のなかにかつて「ピンクの赤ん坊」だった者がいるとは思われていません。「ブルーの赤ん坊」であったこと、すなわちシス男性であることが暗黙の了解となっています。

よほどトランスジェンダーの情報が行き届いており、かつ家族との関係性が良好で自己主張をしても受け入れられる環境が整っているのでもない限り、まず〝女の子〟が「私は男の子です」と言ったところで信じてもらえません。気がおかしくなってしまったと大人に心配されるか馬鹿にされるか、残念なカミングアウトで終わってしまうことが多いのです。そういう〝男

ランス男性も周縁化されてきたため、その構造に抵抗するという点では、根っこの問題がフェミニズムと同じだからです。たとえば『トランスジェンダー・フェミニズム』（田中玲、インパクト出版会、２００６年）はＦｔＭ的な境遇である著者が、いまだ性別二元論から自由ではないフェミニズムに向けて、トランスジェンダーが自ら声を上げる必要性を説いています。そこでの「トランスジェンダー」とは家族制度や戸籍制度を解体していく性別越境者として、マクロな視点で語られています。本書で語る「トランス男性とフェミニズム」に距離が必要という話は、よりミクロな、個々人の実生活に着目しているため、反発し合う意見ではないと思います。

＊３　レイウィン・コンネル／多賀太監訳『ジェンダー学の最前線』（世界思想社、２００８年）。
＊４　コンネル、同＊３、１３１頁。

の子みたいな女の子〟もいるのだよ、と「多様な女性性」の範疇で解釈され、女性にとどめておかれるからです。フェミニズムの成果のおかげで、ショートヘアの女性、ズボンをはく女性、働く女性、男性同然の言葉遣いをする女性などが世間的に認知されるようになりました。トランス男子も、そういうおてんばな女子（トムボーイ）の行動として受け入れられるではないか、あえて自分が男だと主張する必要はない、と一緒に片づけられてしまうわけです。もちろん幼少期の性別違和の治療には慎重さが求められますが、あまりに慎重であることで望まぬ第二次性徴を迎えてしまうトランスジェンダーの子どもたちがいます。トランス男子の場合は身長が他の男子のように伸びることはなく、声は低くなることがなく、生理がきて、胸が膨らんでしまいます。アイデンティティを否定され続けた幼いトランス男子が自身の男性性を育てていけるまでは、与えられた環境下、つまり女性性やフェミニズムの名のもとで自身を主体的に解釈しようと試みることも少なくありません。というより、現に被っている不利益を払い除けるにはそれしかなかったということです。それゆえトランス男性は男性として生活するのだとしても、ほかのシスジェンダーの男性とは異なる順序をたどることがあります。

ラディカル・フェミニズムへの接近

トランス男性がまずフェミニズム、とりわけラディカル・フェミニズムに当事者意識をもちながら近づく背景を探っていきます。

最初にフェミニズムの起源を探ってみましょう。フェミニズムという用語が一般に流通しはじめたのは1910年以降ですが、ずっと昔から女性の権利を主張する運動自体は存在していました。たとえば紀元前のサッフォーはレスボス島で女の学校をつくり、6世紀の女帝セオドーラは女の権利に着目した法制化をおこない、15世紀のフランスの詩人であるクリスティーヌ・ド・ピザンは文学の中に女性蔑視が存在していることを批判しました。[*5] そしてイギリスのメアリー・アステルは著書『結婚論』（1700年）で、女性は男性と等しく知的な魂と思考能力をもつ存在として神に創造されたと論じましたし、1849年にはエリザベス・ブラックウェルというイギリス出身の女性が初めてアメリカで医師に登録されたり、1893年には世界初の女性参政権がニュージーランドで認められたりしてきました。[*6] 歴史をふり返れば、ただ男性のトロフィーのように女性が慎ましく存在していただけではありません。

フェミニズムのなかにもいくつかのスタンスがあります。ここではトランス男性が惹きつけられる可能性（ときに危険性）のあるラディカル・フェミニズムを話題にします。ラディカル・フェミニズムは1950年代後半から始まり1970年代前半に最盛期を迎えた第二波フェミニズムで生まれました。第一派フェミニズムが男性と同等の権利を求めたのに対し、第二

*5　竹村和子『思考のフロンティア　フェミニズム』（岩波書店、2018年）。
*6　ハンナ・マッケンほか／最所篤子、福井久美子訳『フェミニズム大図鑑』（三省堂、2020年）。

派フェミニズムでは「男性を中心とした近代社会そのもの」を問題としました。なかでもラディカル・フェミニズムは、男女の性差は家父長制に基づいていると指摘しました。家父長制とは「家長」である男性がほかの家族である女性を統率し隷属的な立場に置くことを指すことが多いです。厳密には「家長」は男性に限った立場ではなく、稀に女性が「家長」の役割をはたすことがあります。ただ、やはり男性が統率者となる機会が多いために、ラディカル・フェミニズムで家父長制というと、「男性が女性を支配している構造」という認識でたびたび使われてきました。そこにトランス男性の解釈を当てはめてみましょう。

なぜ政治的な男女平等を求めるリベラル・フェミニズムではなく、しばしば急進的なラディカル・フェミニズムに惹きつけられるのかも、次第にわかってきます。家長ポジションの「男性」になれていないトランス男性は、男女が平等ではないことを嫌というほど身をもって実感しているからです。そこに不服感や怒りが生じます。「女性」側に置かれているトランス男性にとっては男女は不平等です。法の下の平等を達成するだけでは、社会的・文化的な不平等はなくせませんでした。なぜなら文化的に家父長制があるからで、トランス男性自身はその文脈において〝家長＝男性〟に位置していないことを自覚したうえで、拗らせた感覚をもつことになります。そして根本的な構造に違和を抱いて糾弾するのです。

一部のラディカル・フェミニストが男性身体ベースに構築された社会への反発として、その原因ともとれる女性身体への恨みつらみを重ねるとき、彼女たちは男女二元論のうち女性側にしかいられないという現状をくり返し指摘します。自ら男女の境界線を力強く引くわけです。なかには、男女は根本的に異なり、女性（とされる者たち。状況によってはトランス男性も内包される場面がある）はつねに劣位であり被差別者側である、というポジションをとる者も登場します。ちなみに男女の身体について考えざるをえないのは、フェミニズムそのものの特徴であるように思います。別段フェミニズムのなかの急進的な一部だけとは言えないでしょう。なぜなら社会そのものが男性中心に構築されてきたため、社会を考えるにはこれまで無視されてきたもう一つの性である女性の身体をもち出すことから始めるのは、必然的に避けられないことだからです。そのなかでも、〝男性になりきれない〟トランス男性の一部は男性と同じ権利を求める方向ではなく、男女の違いを強調したうえで女性の権利を考えるラディカル・フェミニズムに接近していきます。短絡的に見れば、自身が救われる先がそこにあると思っているからです。

この現象はパス度のないトランス男性にとって、二方面からの親和性を帯びています。パス度のない状態とは、男性として読まれる（認識される）ことがない状態を指しますから、必然的に女性扱いとなることが多くなります（稀に〝第三の性別〟のような過度な可視化をされることもありますが）。

一つは、身体違和ゆえの身体嫌悪が、ラディカル・フェミニスト女性のいう「こんな女の体なんて嫌だ」「望んで女になったわけではないのにこんな目に遭う」という怒りの主張と同調するためです。ラディカル・フェミニストたちのなかには、男女の違いを強調し、その最たる理由を身体に見出す人たちがいます。なかでも身体に男女差を見つけるとき、性器に着目されがちです。性器に基づいて男女を分類すること自体が社会化された見方ですが、このときトランス男性がラディカル・フェミニスト同様の見方をすることは何ら驚くべきことではありません。トランス男性の性器形成にまつわる医療はいまだ芳しくないからです。もともとついていなかった者がペニスを形成することは困難です。それゆえ「ペニスのついていない、今後もその〝特権〟を得られる見込みのない自分は所詮男性になれない」とトランス男性自身が望む性器を諦めて納得する口実として、生まれもった男女の身体差を強調することがあります。そこにあるのは「どうせ自分は男性ではなく女性なのだろう」という諦念と、それでも残る男性への嫉妬や憎悪です。すなわち男性へのルサンチマンを抱えることになります。するとルサンチマンの的となる「男性」と、一方で「男性になれない自分」を徹底的に異なる存在として分離してしまいます。

もう一つは、性別移行がうまくいっていないトランスパーソンの場合、自らトランスフォビアを抱え込んでいることがあるからです。男女の境界線が引かれているうち、「自身は所詮女性側にとどまるしかない存在だ」「実際は男性だが、そうはいっても割り当てられた女性という性別に従うほかかない」と自己否定していることがあります。常日頃「あなたは女の子なんだから女らしくしなさい」と強制・矯正されてきて「でも本当はちがう」と誰が伝えられたでしょうか。自己否定する土俵は揃っていますから、この反応はごく当たり前に起こります。トランスジェンダーなどいない、と強い否定感情を抱えていたほうが自身の精神を壊さないために良い、という一種の正当防衛によってトランスパーソン自身が攻撃的になります。

また、メディアではシスジェンダーの人の空想によって作られたトランスジェンダー像ばかりで、トランスパーソンのリアルな日常や、幸福な物語は描かれてきませんでした。トランスジェンダー像が歪められてきた歴史はドキュメンタリー映画『トランスジェンダーとハリウッド――過去、現在、そして』（原題：Disclosure、アメリカ、2020年）でトランスパーソンによって具体的に指摘されているとおりです。そのためトランスパーソン自身が、「自分はあんな不憫なトランスジェンダーなんかじゃない」と、自身と本当は同境遇である者たちを差別していることがあります。

いわば同族嫌悪、あるいは自身を被差別側に置きたくないがための自衛行為なのです。トランスジェンダーを〝同族〟だと思うよりも、トランスフォビアな方向へ陥りかねないラディフェミや、もっと言えばラディカル・マスキュリズムも同様なのですが、それらに倣って、〝どうせ為ることは叶わない遠くの存在〟として本来の性別（トランス男性の場合は「男性」）を遠くへ押しやってしまうことがあります。これこそがトランスパーソン自らがトランス排除的な言説へ吸収されていく背景です。

依然として家父長制的な実態が残っている社会では、パス度が低く女性同様の扱いしか受けてきていないトランス男性は、圧倒的に女性側です。男性であるはずなのに〝利を得る男性＝家父長制の家長〟にはなれませんでした。それだけ社会の不利益を味わいながら、ただ内なる実感だけで「トランス男性は男性です」「私は男性です」と認めるわけにはいきません。というのも、一度も男性として扱われたことなどないのですから。これほど社会的弱者としての生を享受しながら――ラディフェミの女性同様に女性差別を受けていると感じさせられることに加えて、ミスジェンダリングする・されることでジェンダー・アイデンティティをも否定されています――、強者として位置づけられているはずの「男性」の一員であるとは、到底自覚できません。むしろ、こんな自分は男性の一員ではないのだ、とめぐりめぐってトランス男性の概念自体を疑い始めます。自分自身が、当事者としてそこにいるにもかかわらずに。しまいにはトランスジェンダーなんて存在しない、実在したところで不幸者だと決めつけにかかります。自身を抹消します。まるでイソップ童話の『すっぱい葡萄（きつねとブドウ）』さながらですが、当人は気づけません。あるいは、気づけたとしても男性扱いされない限りはそこから抜け出せません。自分が得られなかった葡萄（男性として生きていけているトランス男性、またはシス男性）はどうせ悪いにちがいないと決めつけるだけです。そうしてその葡萄をにらみながら離れます。

日本のTwitterでは、FtX（出生時に女性だったXジェンダー）やFtMを自認していながらM（Male）になりきれていない人たちで、その現状にコンプレックスを抱えている場合にこの傾向が見られます。TERFのトランスフォビアな発言に賛同したり、自ら「トランスジェンダーなど存在しない」「所詮女に生まれた者は男になれないし、男ではない」と差別発言を発信する光景は珍しいものではありません。

こうしてフェミニズムのなかでも、本来の「女性の権利を」「男女平等に」というスタンスを超えた、トランス差別的で過激なフェミニストを自認するトランス男性が誕生していきます。なおトランスジェンダーに対する性差別をしている時点で、その人がもはやフェミニストでないのはいうまでもありません。もちろん、これほど過激で差別的な（偽りの）フェミニスト、すなわちセクシストばかりではありません。純粋に女性的な境遇での差別を見知ったうえでトランス男性が女性差別に反対するフェミニストであることもあります。

トランス男性がフェミニズムに関わり続けることの困難さ

アメリカの研究において、自身もトランス男性である Morgan M. H. Seamont 氏が明らかにしたのは[*7]、多くのトランス男性はとくに男性のホモソーシャルな空間にいるとき、性差別的なコメントを中断しようとするということです。実際に言動で示さないにしても、批判したくな

＊7　Morgan M. H. Seamont, "Becoming 'The Man I Want to Be:' Transgender Masculinity, Embodiment, and Sexuality", B.A., Washington State University, 2007/ M.A., University of Colorado, 2010, p.91.

る人が多いのです。それは経験をふまえれば十分納得できる反応でしょう。トランス男性は内心フェミニズムの支持者である人が多い、と言えます。

なぜなら自分自身が女性扱いをされて不利益を得てきたり、そういう境遇にある女性から「同性として」相談を受けたり共感を示されたりしてきたからです。そうした女性コミュニティ内では、女性差別の言動をする男性はいわば共通の敵であり、関わりたい相手ではありませんでした。トランス男性が社会的に男性になったからといって、そうした過去の経験が消滅するわけはなく、一人の連続する人生のなかで女性差別の言動は良くないものとして捉え続けられることになります。そのため「男よりましでありたい」と思いながら、男になっていくトランス男性もいます。自分以外のあんな男たちとは違う存在であることを願いながら、自分は男性だが、そんな――かつて性加害をしてきたようなシスジェンダーの――男性とは違う、と本当は主張したいのです。

しかしながらトランス男性がフェミニズムに関わって女性差別発言を訴えることは容易ではありません。二つの理由があります。

一つめは、トランス男性のなかには他の男性に同調したい、同調しなければトランスジェンダーだとバレてしまうかもしれない、というプレッシャーがあることです。

男性学の田中俊之氏によると、男らしさの二形態として「逸脱」と「達成」があります。[*8] 男らしさを証明する二つの方法、と言い換えてもよいでしょう。「達成」とは、一流企業への就職や有名大学の合格など、社会的に認められた価値を実現して競争の勝者になることです。とはいっても勝者になれる者はごくわずかですから、その他大勢の敗者に該当する男性は「逸脱」という証明方法をとります。具体的には、残業や連続勤務、不健康などの本来なんの名誉にもならない行動の自慢、さらにはパワハラ、はたまた女性差別や男性同性愛差別なども男らしさを示すためにおこなわれてきた「逸脱」の一形態だと指摘できます。トランス男性も男性です。トランス男性が男らしさを誇示する際にも、「逸脱」と「達成」という行動形態が見られることがあります。つまり、前述した内容とは異なり、トランス男性の男らしさをアピールしたいがために、「女性とともに女性差別に反対しよう」とは考えなくなるトランス男性がいるわけです。

ここでの「逸脱」行為とは女性差別の批判をしないという姿勢をとることで「トランス男性なら女性のこともわかってくれるよね?」という期待、すなわちトランス男性がトランスジェンダーであるがために課せられる規範から逸脱してみせることです。〝元女性〟のトランス男性だから女性にフレンドリーだなんて決めつけられたくない、と明示することが、トランス男性規範における「逸脱」とみなすことができます。

「達成」行為とは女性差別に便乗することで男性コミュニティ内の優位性獲得を図ることを

＊8　田中俊之『男がつらいよ――絶望の時代の希望の男性学』(KADOKAWA、2015年)。

指します。「男は女より優位だ、そうだろ男たち?」というホモソーシャルな態度を積極的に示すことです。むしろトランス男性自身を女性とミスジェンダリングさせないための自衛として、いっそう強固に女性を分離し、そのうえで女性差別をおこなうという事態も十分ありえます。歓迎されるべきことではありませんが、なかには「俺はあんな女性陣とは違う、男だ」というエネルギーをほとばしらせているトランス男性もいるのが事実です。このことはシス男性間においては、社会的勝者のおこなう「達成」ではなく敗者のおこなう「逸脱」そのものです。しかしトランス男性の場合はねじれが生じているように思います。シス男性の基準と同化するまでは、トランス男性の「逸脱」と「達成」はトランス男性特有のヒエラルキー内で解釈されるべきかもしれません。

したがって「トランス男性だから女性差別をしない」という、フェミニスト女性なら少しは信じてみたくなるような規範は、トランス男性の内実がシス男性と同一ではないからこそ、かえって他の理由を伴って壊されることもあるのです。

ここでは別の事情もあります。女性差別を批判したいという態度を内心で取っているトランス男性であっても、男性のマジョリティが女性差別をするなかで唯一同調しないという姿勢をとることは非常に困難なのです。一人だけ追随しないことが問題なのではなく、その一人がトランス男性であることが問題になるからです。その背景には、女性差別に同調しないことによって女性の立場に共感していると想定され、「トランス男性だとバレるかもしれない」という危惧を、つねにトランス男性が抱えているという現実があります。

もちろんそう簡単にトランス男性だと推測されないにしても、なぜ男性コミュニティになじまないのかと疑われ、ホモソーシャルになじまないへンな男性として男性コミュニティ内で可視化されることを恐れています。トランス男性にとっては、逐一周囲の男性に反発を感じてそれを表に出すことは、「パス度の低い」振る舞いなのです。社会的にシス男性に適合しなければ立場を認められないトランスジェンダーの危うさがあるなかで、男性ジェンダー規範を進んで壊していくことはトランス男性にとって非常に重圧のかかることです。

女性差別をやめよう、とトランス男性が一番に主張すれば、「結局お前は女性同様の境遇でしかいられない」「所詮男ではない」と男性から仲間外れにされるリスクがあります。

つまるところ男性ジェンダーに一生懸命追随すれば「ジェンダー強化する悪者」とみなされ、男性ジェンダーに従わないという選択をすれば「所詮男ではない部外者」と批判されます。このようにトランス男性は自分の思想をもつ以前に、男性のあるべき姿、つまりマジョリティとして認知されうる範疇にうまく適合しなければ省かれるという、トランスジェンダーに対しての外圧をあらかじめ背負っています。

いずれトランス男性だと知られたあかつきには、「女性差別に批判的だったのは、彼が女性の境遇を体験済みのトランス男性だからなのか」と理由づけをされます。それが客観的に良いか悪いかは置いておいて、「トランス男性だから」と物語を一本化される居心地の悪さがつきまとうことになります。純粋にその人の優しさや、賢さゆえの産物だったかもしれません。そこに「トランス男性だから」という決めつけは不要だったかもしれません。けれど実際はそうやって一人の人間として見られる以前に、トランスジェンダーだというラベルだけを見られるのです。

そういうわけで、単純に女性差別問題に理解を示しているかのような「リベラルな男性[*9]」や「男性のなかの優等生」を演じることはできないという事情は、シス男性ではなくその人がトランス男性であることの枷《かせ》になるのです。たとえ同じような考えをもって女性差別を批判するとしても、シス男性であるならばその姿勢ゆえに「あなたはトランスジェンダーなのか」とラベリングされません。つまりは衣服に覆われた身体を憶測されたり過去の経験を異質なものとして過剰に炙り出されたりしなくて済みます。それはシスジェンダーであることの特権です。ただただ「別の性別である女性」の抱える問題にまで関心のもてる視野の広い男性、として場合によってはそのシス男性は有り難がられるかもしれません。もちろんシス男性本人がその称賛だけを目当てに女性差別反対を唱えるのであれば、かえって余計な存在として、フェミニズムに当事者意識のある方々から疎ましがられるでしょうけれども。

さて、女性差別を批判したいトランス男性が素直にそう表明できない理由は、もう一つあります。ずばりフェミニズム内部から糾弾される可能性があるからです。女性に類似する境遇をもつ当事者として女性の味方になるはずが、なぜフェミニズム内部から攻撃されるのでしょうか。

理由は明快です。トランス男性がシス男性にしか見えなくなるからです。フェミニズムから

「(シスジェンダーの)男性」として認知されるほかない境遇に至ったトランス男性の場合、かつては女性差別とみなされる事象の被害者として女性同様に苦しんできた経験があったのだとしても、「女性の境遇を味わったこともないのに、なぜ女性のことがわかるのか」と女性から忌避されるようになるでしょう。なんの事前申告もなければ、トランス男性は他の男性と区別がつきません。男性としてパスするようになったら今度は、女性の抱える問題に気軽に言及すべきではない立場です。「女性の受ける社会的差別なら僕も散々味わわされてきましたよ」と今さら言っても意味がありません。踏み込みすぎれば、上記で述べたような「女性差別反対を唱えることで何かわかった気になっている余計な存在の男性」として、フェミニズムの周縁どころか外部へと追いやられることになります。*10

*9　ここでのリベラルとは、伝統的な価値観に追随するのではなく、個人の自由や多様性を重んじる人。

*10　たとえば『フェミニズムはみんなのもの』(ベル・フックス、前掲*1)や『私たちにはことばが必要だ——フェミニストは黙らない』(イ・ミンギョン/すんみ、小山内園子訳、タバブックス、2018年)を書いた著者が女性だから話が通りますが、男性が「フェミニズムはみんなのもの」「私たちに"も"言葉が必要だ　フェミニストは黙らない」と最初にスローガンを掲げ出したらどうだったでしょうか。当然、男性が何を知ったかぶりしてるのだ、マンスプレイニングはもうこりごり、と不審がられたり批判されたりするでしょう。私個人もそうあってほしいと考えるくらいには、「男性とフェミニズム」には一定の距離感があるほうが望ましいと考えています。当然、トランス男性だって先陣切ってフェミニズムをいつまでも主張していたら、一部のフェミニスト女性からは納得いかないと煙たがられることでしょう。

以上二つの理由があり、トランス男性にとってフェミニズムに関わることは難しくなります。

だからトランス男性はフェミニズムと別れなければならない

もしフェミニズム内で当事者の顔をして関わっていくのであれば、「私はトランス男性であり、女性的な境遇も知っている」と大々的なカミングアウトが求められることでしょう。しかし、そうしたとしても「でも現在（未来）は女性差別に直面しないで済むのだから、特権的立場から発言しているにすぎない」のだと、現在進行形で女性差別に苦しむ女性の境遇をもつ人には煙たがられる可能性は十分考えられます。

トランスジェンダーに差別的なＴＥＲＦやジェンダー・クリティカル派[*11]の言い回しを借りれば、「ＦｔＭはフェミニズムの姉妹を裏切っている」と指摘されることでしょう。

“FtMs is the assertion that, by “crossing over this gender divide” (a metaphor I refuse) and transitioning into a world of masculinity by becoming men, FtM transsexual men are now living a kind of privilege not accorded to lesbians or biological women and so betray their feminist sisters.[*12]”

「ＦｔＭは、『性別の違いを越えて』男性になることで男性性の世界に移行することにより、今やレズビアンや生物学的女性などに与えられていない一種の特権を生きており、フェミニストの姉妹を裏切っている。」

これはトランス男性をあくまでも女性としてミスジェンダリングする（意図的に性別を取り違える）意図をもって国内外で見受けられる、トランスフォビア発言の一種です。トランス男性が男性化したのは、女性ジェンダーの苦しみから逃げるためにちがいない、なぜ私たちと一緒に女性として戦わなかったのか、というわけです。このようにトランス男性のことをフェミニストの同志として認識していた女性たちが、トランス男性の男性性を認めない現象は2006年のドキュメンタリー映画『Boy I Am』[*13]（男子であること、という意味）』でも描かれています。『Boy I Am』は画期的な映画でした。トランス男性の性別移行を「トレンド」、または最悪の場合、男性の特権を利用したいがための反フェミニスト行為とみなす、フェミニストとレズビアンのコミュニティにいる一部の女性たちに対して抵抗する内容となっています。

＊11　ジェンダー・クリティカル派とは、社会的に構築されたジェンダーに表向き批判的な人たち。代わりに生物学的な性こそ重要で、それは変えられないと主張し、トランスジェンダーに否定的。TERFと同じ意味合いで用いられます。

＊12　Jay Sennett, "Self-Organizing Men: Transgender Female to Males Talk about Masculinity", Homofactus Press, L.L.C., 2015. の中の、Bobby Noble 氏の指摘より（Kindle-No.1394/1675）。引用部分は、Bobby Noble 氏が批判的に紹介した箇所です。

＊13　ドキュメンタリー映画『Boy I Am』（監督：Sam Feder & Julie Hollar、アメリカ、2006年）。

また一方では、トランス男性が「私はトランス男性であり、女性的な境遇も知っている」と表明する立場は、トランス男性は結局女性で、その身体も女性と同一なのだろうと、永遠に男性ではなく女性の範疇だけにとどめて解釈されるという不都合さと隣り合わせにあります。どちらにしろトランス男性はフェミニズムに対して、きわめて関わりづらくなっていくのです。あるいは、くり返しになりますが、別のポジションで検討してみましょう。トランス男性だと告げずに、ただの男性（イコールシス男性、の意味で人々に解釈されます）としてみなされて振舞い続けるとしたらどうでしょうか。結果として、フェミニズムへの発言権は十分に与えられません。トランス男性が「女性その人であるかのような発言」を男性の立場で言ってしまうと、状況によってはフェミニズムの簒奪ともとられかねなくなります。こうしてトランス男性がフェミニズムと接するときは板挟みの状態になってしまうのです。

解決策があるとすれば、その「かつて女性差別の当事者だった意識があり、女性差別への批判が必要だ」という主張を活かす場所を変えることではないでしょうか。つまりフェミニズムではなくマスキュリズム（この言い方自体メインストリームではないため男性学と言い直すことにします）で、同様の主張を展開していくのです。トランス男性当事者が、「女性差別を受けていたから自分はあのとき（もしかしたら現在も引きずっているかもしれないが）女性にすぎなかった」と自分の性別を否定するのでもなく、「女性差別のある社会」から目を逸らすのでもなく客観的事実として受け入れたうえで、さらに「現状の性差別を変えていこう」とするのであれば、男性内部からの告発が必要になります。いわばトランス男性は、女性差別の実態を偵察してきた男性側のスパイと言えます。

ただし、この告発が可能な場所も非常に限られています。性差別を受けた被害者男性の告発できる場、または社会に性差別があることを身近で体感してきた人の告発できる場ははたしてあるのでしょうか。しかもそれが男性として扱われることによってではなく、女性同様の扱いを受けることによって受けた性差別の場合、男性学とフェミニズムのどちらで訴えるべきでしょうか。フェミニズム内でトランス男性が主張することの危うさはすでに指摘したとおりです。自身をミスジェンダリングしたりされたりする可能性をつねに引き連れていて、簡単にその状況を打開できると私は考えていません。そうである以上、男性側の運動を盛り上げていくほかないのではありませんか。

いうまでもなく問題は山積みです。これがまさに、言うは易く行うは難しであるのは明白です。トランス男性のフェミニストは、男性のあいだでは経験の差異があることで「男性の一人」として受け入れられない可能性があり、現在はもはや女性差別の当事者ではないということでフェミニストとして受け入れられない可能性があります。そのためシスジェンダーの男性と女性の両方と対立することがあります。これまでトランス男性がシス男性側から拒絶されていないとしたら、それはシス男性たちがトランス男性をそもそも想定していなかったからであって、トランス差別がないということを意味しません。

未だ男性内に多様性が認められているとは言えない現状です。フェミニズムにおいて女性が進めてきた運動とは比べものにならないほど緩やかな流れのなかで、トランス男性が男性として話のできる場はいつ訪れるのでしょう。遠い道のりですが、男性としての生を引き受ける以上、進んでいかなければなりません。

本書が私のささやかな試みであるように、こうして文章に書き起こすだけならばたやすいことです。とはいえ日常生活では道ゆく人に「私はトランス男性です」と自己紹介しながら存在しているわけではありませんし、そうである以上単に（トランス男性を想定していない）シス男性としてのみ社会的には扱われています。フェミニズムとの関係性における葛藤を告げる場は、どこにもありません。口に出してはいけない真実として、抱え込み続けるのです。「トランスジェンダーとフェミニズム」というとき、それが十分に効力を発揮するのは「トランス女性とフェミニズム」の場合であって、「トランス男性とフェミニズム」について言及することは、トランス男性が性別移行後はもはや男性でしかいられなくなることによって茨の道となるでしょう。フェミニズムが性別移行前のトランス男性を男性ではなく女性同様の存在として〝かくまって〟しまえばしまうほど、そのトランス男性本人が望む男性化への道は阻まれる危険性があります。

第5章　トランス男性は男性学に潜在していたのか

◆第二の切り口◆

トランス男性は主張しない？

なぜトランス男性は存在しないもののように扱われてきたのでしょうか。あるいは、まったく注目されないのでしょうか。

「なぜトランス男性は主張しないのですか」と他の属性の方からの指摘がとぶことはあります。その疑問は純粋にトランス男性が可視化されていないと感じることに基づく場合もあれば、対比としてトランス女性をお騒がせ役として引き立てたい、トランス女性差別の文脈で引っ張り出されることもあります。たとえトランス男性が登場していても、道端にいる一般的なシス男性とあまりにも外見や言い分が変わらないため、目にとまらなかったというだけかもしれません。

トランス男性が主張しない理由は、とくに権利の問題としては主張しなくともなんとなく生活できてしまっているから、と説明することができます。明確な差別はない、少なくともトランス男性を名目にした差別は見当たらない、ということです。もちろん戸籍の性別変更要件に関しては裁判沙汰になっていますが、それはトランス男性だけの問題ではなくトランス女性も含みますので、トランス男性に絞った今回の話題では除きます。性別移行期におけるトランス男性への差別、たとえば前例がないと言われて学業や就業を認められないこと、どうせ女性なのだろうとミスジェンダリングされること（意図的にトランスジェンダーの人の性別を取り違えることで、人格否定に当たります）などはたしかにあります。そのことはトランス男性が男性として日々生活するなかで受ける差別というより、トランス男性を素直に男性と認めないために起きる差別です。トランスパーソンの存在を認めないこうした差別の解消については、トランススタディーズや市井で活動してくださっているLGBT運動の方へ譲ることとさせていただき、本書ではその後の話にテーマを絞ります。トランス男性が男性の範疇内でどう生きているのか、どう扱われてきているのか（または扱われてこなかったのか）というテーマもまた、トランス男性の物語として必要であるはずなのにこれまで着目される機会がほとんどありませんでした。

「トランス男性も言いたいことがあれば言えばいいのに」というシス男性側からの貴重なご意見に対しては、たしかにそのとおりだと賛同することもできる一方で、違和感も拭えません。シス男性間の多様性が著しく乏しい現状で、完全にマイノリティに追いやられているトランス男性の意見がどれほど有効なのでしょうか。どれほどエネルギーを注げば、マジョリティの目に映るのでしょうか。そして無事に評価され、「トランスジェンダーである男性も男性内に生きづらさを感じており、性差別に対しての共闘の可能性や、ケアし合う必要性を共有できる相手だ」と認知されるのでしょうか。はたまた、シス男性がトランス男性のあり方から逆に学ぶ姿勢をとるようになるのは、いったいいつなのでしょう。

ひとまずトランス男性が主張しない背景は、二つの性質に分けて検討することができます。トランス男性のなかの「トランス」の部分に着目する場合、あえてトランスジェンダーとして可視化されずともシス男性同様に、とりたててジェンダー的な注目を浴びることなく生きていけるからという理由があります。シス男性ではないにもかかわらずシス男性中心に構築された社会に適合することは、多少の居づらさや不都合な点を生むのは事実ですが、それでも無視して生きていける、ということです。シス男性と同化することは、トランス男性として特別枠に据え置かれるよりもはるかに生きやすい場合があります。そもそも社会全体がシス男性に向けて構築されていますから、シス男性になりきれるのであればなりきってしまうほうがずっと楽になれるのです。

ついでトランス男性のなかの「男性」の部分に着目すれば、男性全般が自己分析不足で自身の問題を吐き出すのが苦手であるように見受けられますが、それと同じことだと言えます。「男性なのだから我慢しよう」「男性の美徳として、騒がないでおこう」といった悪しき男性ジェンダーへの規範をトランス男性も抱えていることがあります。だから「今私は苦しんでいる」と把握したりそれを表に出したりできなくなるのです。社会的に特権を得ている側の「男性」として認知されるようになると、その人がシスであろうとトランスであろうと、マジョリティであるはずの自分が弱みをさらけ出すことは誰にも歓迎されないことだと思い込み、男性であることで実感する苦悩を言いづらくなります。

しかも、もしトランス男性がトランスジェンダーだと知られた場合はいっそう都合が悪くもなります。「そんなに女々しいなんてやっぱりあなたは男ではない」「女に戻れば？」といった侮辱は、トランス男性にとって忌避すべき事態の一つです。シス男性以上に、または純粋に比較できないにしても別の背景をもって、女性と同一化されたうえで立場を貶められることとは芳しくありません。それは女性蔑視、男性性の強要、トランス差別のトリプルパンチです。このようにトランス男性が男性コミュニティに現にいる以上、トランス男性も男性ジェンダーの影響を良くも悪くも受けています。男性学のなかにトランス性をもち込むことは自然なことなのです。

少年と成人男性の対比

これまでトランス男性を「女性ではなく、男性」かつ「シスジェンダーではなく、トランスジェンダー」の対比として見てきました。しかしこの要素分けにもう少し多様性をもち込むことができます。

男性性を語るときに「女性に対する、男性」という見方をするのはアメリカで主流な見方だと言います。トーマス・ページ・マクビー氏は著書『トランスジェンダーの私がボクサーになるまで』のなかでアメリカ人である自身の男らしさについて検討していますが[*1]、その際に注目したのはデンマークにおける男らしさの認識でした。他の国では男らしさに求められるものが異なっていました。アメリカの研究者であり、デンマーク滞在中にデンマーク人の男らしさに関心を抱いたサラ・ディムッチオ氏の共著論文"A Qualitative Analysis of Perceptions of Precarious Manhood in U.S. and Danish Men"[*2]によると、デンマークでは「少年と成人男性」という対比があることに、トーマス・ページ・マクビー氏は着目します。「彼は男らしくなった」というとき、「女性と比較して男らしい」の意味ではなく「かつての少年時代と比べて」というニュアンスが込められる、ということです。これはトランス男性にも当てはめられる視点です。

トランス男性が一般的に言われる男性性を達成するのが遅れる点に注目すると、「少年と成人男性」の対比でいうと、トランス男性は性別移行の初期段階では「少年側」とみなすことができます。トランス男性が少年側に位置づけられる理由は、第一に男性としての社会的経験が

＊1　トーマス・ページ・マクビー／小林玲子訳『トランスジェンダーの私がボクサーになるまで』（毎日新聞出版、２０１９年）、１５４頁。

＊2　Sarah DiMuccio, Megan Yost, Marie Helweg-Larsen, "A Qualitative Analysis of Perceptions of Precarious Manhood in U.S. and Danish Men", *Psychology of Men & Masculinity*, 18(4), 2016.

ょうか。

トランス男性の実情を鑑みれば「トランス男性の童顔問題」が東西問わず見受けられるからです。トランス男性が実年齢より若々しく見える童顔なのはよくあるネタのようなことですが、そこでは性別以外の問題が発生していることにお気づきでしょうか。

トランス男性が男性ホルモン投与を開始すると、一時的に若返りする現象があります。平均的にいって、女性として誕生したトランス男性は早期治療でもしない限り、身長は女性平均と同様です。男性の基準で見たときにトランス男性は身長が低い人が多いということになります。こうして低身長であるにもかかわらず、男性ホルモン効果で若返りをすると、実年齢より年下に見られるようになります。男性ホルモンの影響力は女性ホルモンに比べるとかなり強いものですから、トランス男性は早くから男性としてパスする（本人の望む性別で他者から認識される）ことに成功しやすいのです。しかし、そうはいっても外見上の年齢が追いついてきません。

アメリカのトランス男性であるMorgan M. H. Seamont氏の論文[*3]では、トランス男性の童顔問題における哀しき事例が挙げられています。とあるトランス男性がガールフレンドとパブで夕食をとろうとしたときの話です。ウェイターはガールフレンドに向かって「未成年者は施設に入れません」と告げたというのです。そのときそのトランス男性はたしかに男性としてパスしたのですが、子どもとして認識されていました。この瞬間、彼は男性としての地位を失っただけでなく、ボーイフレンドとしての地位も失いました。ほかにも大学院生のトランス男性が中学生と思われたこと、50歳のトランス男性がアルコール購入の際に身分確認証を求められるようになったことも紹介されています。Morgan M. H. Seamont 氏の場合は、大学院進学前に20年のキャリアを積んでいたにもかかわらず、周囲は彼を中学生だと思い、誰も彼の経験を信じませんでした。性別という一点においてはたしかに「男性」である点で正しい扱いですが、若返り現象によってアイデンティティの喪失を経験することになります。性別移行の過程で、10年や20年、さらには30年もの期間を失う体験もなくはないのです。トランス男性は意図せずとも少年扱いされ、一から青年期間同然の体験をすることになるかもしれません。そうなると男性は男性といっても、(実年齢ではなく外見や経験として)早く成人男性になりたい、現在はまだ一人前の男にはなれていないからそうなりたい、と願うことはごく自然なことでしょう。

早く大人の男性コミュニティになじみたいと思うこうしたトランス男性の内面にせまれば、トランス男性がホモソーシャルに積極的に関わったり、ときによっては一人前の男性扱いされるであろうと想定してゲイコミュニティの仲間入りを喜んで受け入れることも理解しうるのではありませんか。これは成人男性からの承認を得ることによって、自らも成人男性の仲間入りを果たせるかもしれない、とトランス男性当人が無意識であれ想定していることを示唆します。

＊3 Morgan M. H. Seamont, "Becoming 'The Man I Want to Be:' Transgender Masculinity, Embodiment, and Sexuality", B.A., Washington State University, 2007/ M.A., University of Colorado, 2010, p.109.

ちなみにオーストラリアでは、「被害者としての男性性」の研究があります。男性は女性に対しての加害者とみなされることが多いですが、そうはいっても男性のなかにも被害者はいます。そうした共感されない男性差別を経てきた存在として、トランス男性はこの「被害者としての男性性」の解釈に救われる部分があるのではないか、と私は予想しています。トランス男性が女性同然に生きていたときに受けた性差別の場合は女性差別の一環として解釈されるべきなのか私にははっきり断定できませんが、トランス男性ゆえの性差別や、男性社会に不適合とみなされたうえで受ける性差別であれば、男性差別と言えます。ふだん男性として生活しているときに被る性差別はもちろん男性差別です。加害者が男性であれ女性であれ、被害者になりうる存在として男性性を認める見方には、大切な価値があります。

このように、トランス男性を「女性／男性」「シスジェンダー／トランスジェンダー」以外の軸で見ていくことで、ふだんトランス男性がどのような多様性をもって男性社会に関わっているのか見出すことができます。

男性内部の多様性

ここで提示したいのは、男性、もとい社会全体でさまざまな要素をもつ男性に優しくなっていけば、結果としてトランス男性も助かるのではないか、ということです。

トランス男性は「トランスジェンダーの男性」であるというだけではありません。たび重なる手術代で金銭的に悩む「貧困男性」かもしれません。性別違和が原因の場合もありますが、それだけに限らず「メンタルヘルスが不調の男性」かもしれません。自身の身体に性嫌悪があることから「セックスレスの男性」かもしれません。トランスジェンダー否定派の家族のもとで育てば、「家族と疎遠で独り身の男性」になっているかもしれません。精子をもたないことから「不妊の男性」と同一視されうるかもしれません。低身長でファッションに悩むことから「低身長コーデに興味のある男性」かもしれないです。性的感覚はあるけれども自身で満足に処理できる身体や道具をもっていない点は「身体障害のある男性の性欲処理」に向き合っていくことに手がかりが見出せるでしょうか。戸籍の名前や性別が自身の望む生き方や日常生活と異なる不便さは、「外国籍の男性」の抱える問題と共通点がありそうです。ジェンダー表現ひとつとっても、トランス男性の受け取り方はさまざまです。「女の子みたいだね」と言われることに嫌悪感をもつかもしれませんし、嬉しいと感じるかもしれません。「男らしい」という賞賛に喜びを感じるかもしれないし、その賞賛を嫌味だと認識するかもしれません。シス男性が多様であることと、なんら変わりません。すでにトランス男性は、男性として共にいます。似た問題を抱えていますし、協力して闘うこともあります。

もちろん、複合的な問題を同一視することには注意が必要です。異なる問題をもつ者同士のそれぞれの違いを無視するというリスクをつねに抱えているからです。たとえばセクシュアルマイノリティというだけで「ＬＧＢＴ」とひとくくりにしたことは、本来別であったはずの複数の問題を一緒くたにしたのであり、のちに同性愛と性別違和の区分を困難にしたとして、当の〝ＬＧＢＴ当事者〟から非難されることもあります。そのような危険はあらかじめ承知しておかなければなりません。

けれども連帯が必要となるタイミングは第一段階としてあるはずです。現在の男性学は抱えている問題を分解したのち、そうした協力体制を築いていくべきではないでしょうか。トランス男性のことをその都度「トランスジェンダーの男性」として限定的な見方をして「（マジョリティの）男性」から一歩離れたポジションに退けなくともいいのです。いくつかの要素に分解して、一つ一つをシス男性とともに改善していくことは望めるはずですから。

すでにあるアメリカの研究では、トランス男性へのインタビューから、シス男性含め男性一般に言える結論を導き出しています。アメリカのフェミニストでありポートランド州立大学准教授の Miriam J. Abelson 氏は、アメリカの西部、南東部、中西部を4年間かけてめぐり、66名もの多様なトランス男性へ詳細なインタビューをおこないました。彼女の著書“Men in Place: Trans Masculinity, Race, and Sexuality in America”[*4]は、男性の住む場所と空間が、いかに人種、セクシュアリティ、ジェンダーの経験を基礎づけているか示しています。トランス男性内にも差異があり、同様のことがシス男性のあり方についても言えます。ちなみに Miriam J. Abelson 氏がトランス男性を対象にして実地研究をおこなった理由は、「男性としての経験を明確にするには、少女や女性として扱われてきた歴史をもつトランス男性のほうが、シス男性よりもより有能（capable）だから」と述べています。そういうわけで彼女は、アメリカの男らしさに特定の洞察力をもっているかもしれない男性のグループとして、トランス男性に焦点を当てました。社会的に「男性になる」過程があるのはトランス男性にもシス男性にも共通であり、トランス男性の研究によって、シス男性のことも客観視できるようになるはずです。

シス男性の場合は男性役割を割り当てられる段階が早かった（その家庭や土地柄によっては、出生前から男児だと歓迎される場合があるほど）という点がトランス男性と大幅に異なり、それによって両者の認識には差が出てきますが、社会的に「男性になる」過程があるのは共通でしょう。

トランス男性とゲイセックス

トランス男性がゲイコミュニティに参加したり、男性同士でのセックスに励むようになる傾向は、身近な日本に限らずアメリカの文献でも確認され、珍しくない現象です。ポルノサイトには東西問わずトランス男性の姿があり、性行為の相手が男性であることはけっして珍しくありません。前提として、もともとトランス男性には男性を恋愛対象・性的対象とする人はいま

＊4　Miriam J. Abelson,"Men in Place: Trans Masculinity, Race, and Sexuality in America", Univ of Minnesota Pr, 2019.

す。いわゆるＦｔＭゲイ（＝トランスゲイ）や、ＦｔＭバイ（両性愛者）の人たちです。なかには性同一性障害（Gender Identity Disorder）の患者だと認められたいがために「女性しか恋愛・性的対象ではありません」というフリをするトランス男性がいるのは事実で、[*5]実際にはセラピストが把握している以上に、男性を恋愛・性的対象とするトランス男性は多いであろうと予想されます。

しかしここから語りたいことは、本来は男性を性的対象としていなかったトランス男性が、男性ホルモン投与を始めたり社会的な男性生活を手に入れたりした後、男性に性的に惹かれだす過程についてです。ここでの注意点は、そのトランス男性当人が「ゲイ（男性同性愛者）であるというアイデンティティ」をもっているか否かとは無関係だということです。たとえば女性愛者でガールフレンドのいるトランス男性であっても、男性との性的関係に惹かれていく傾向がある、ということを示しています。個人的な実感としても、このことは驚くべきことではありません。トランス男性がゲイセックスに導かれる要因は、いくつも考えられます。

その背景には、男性ホルモンによる性欲増加、女性との距離感が離れていく孤独感、男性社会を知るための一手段（ジェンダーが男性化する）、または性的感覚が男性のそれと同一化して波長が合うようになること（セックスが男性化する）などが挙げられます。表面的に見て「男とセックスしたがるなんて、女に戻ったのか」と無理解な声が飛ぶことがありますが、事態はまったく逆です。

それぞれの要因を詳しく見ていきましょう。この章ではとくに、トランス男性を固定的な存在として位置づけるのではなく、大抵は身体治療を伴って、それに応じた境遇の変化が生じる、「性別移行者」（性別越境者という言い方は好みません）として捉えることとします。なお「トランス男性」で、性的指向が元から「ゲイ」や「アセクシュアル（無性愛者、性的に他者に惹かれない人）」で固定されている者の場合は、ここでは含みません。彼らの場合は今から語るような、ある地点からある地点へ移行したというわけではなく、別の物語があることでしょう。

まず、男性ホルモンによる性欲増加が挙げられます。女性とみなされている身体へ男性ホルモン（エナルモンデポー、テスチノンデポー、ネビドデポーなど）を投与すると、まず真っ先に変化（というより違和感）がわかるのは陰核（クリトリス）の主張するムズムズした感覚と、性欲です。歩いたり自転車に乗ったりするだけで、下半身で何か擦れるような不可解な感覚が生じる場合があります。ここで生じる性欲とは何でしょうか。

少なくとも私は、「女性（の身体をもつ者）に性欲がない」という、女性の主体性をとり除くような都合のいい神話にはのりません。女性ホルモンが優位を占めていた頃も性欲として実感できるものは存在していました。しかし男性ホルモン投与を開始すると、それ以前とは異なる

＊5 Thomas Underwood, "How I Changed My Gender from Female to Male: The Complete Story of My Transition with Helpful Advice and Tips for Others on the Same Journey", Transitions Publishing, 2015, Kindle-No.24/102.

欲が押しあがってきたのです。誰かと性的なことをしたい欲求というよりは、排泄欲求や射精欲求が近いかと思います。特定の他人とふれ合いたいというロマンスや物語は、性欲の範囲内において以前よりは求めなくなりました。どちらかというとそれらの欲求は性欲とは別カテゴリーになったとも言えます。そうした欲求も完全に消えたのではなく残ってはいましたが、大半は別物に姿を変えました。身体をぶつけたい、発散したい、子種を残したいという、全身が奮い立つような暴力が自身の身体の内側で暴れ回ることになり、戸惑いました。それが男性ホルモンでわき起こった、有無を言わさぬ渇望の内実でした。

男性ホルモン投与以前と同じように「性欲」と呼ぶのは不甲斐ないほどで、これは暴力の欲求ではないかと。もちろんトランス男性を変化する存在として捉える以上、帯びる性欲がつねに暴力的に感じられたわけではないことも申し添えますが、総じて異質で強力なエネルギーに変わってしまいました。トランス男性にとって酷なのは、シス男性の性欲解消に向けた情報はある一方で、トランス男性の身体をどう取り扱うかという情報はほとんど存在しないことです。そのため自分の身体をコントロールできるようになるまでには時間がかかります。

この制御しかねる性欲をうまく相手にできる者といえば、もはや似た感覚を共有できなくなった女性ではなく、同じ境遇となった男性ということです。そして、性欲を主張して積極的に動きを見せる母数が圧倒的に多いのも男性です。しかも性的市場は男性をメインターゲットに開かれています（もちろん、男性を一方的に「性的に欲情する主体」とばかりカテゴライズすることは、男性蔑視でもありますが）。早い話が性行為の相手に女性を探すより、男性を探したほうがマッチしやすいのです。そうしてトランス男性は個人的な好みとはもはや関係なく、現時点で同じ性欲の土俵に立ち、数の余っているシス男性と関わりをもつ機会を見出しはじめるのです。

それほど大きな変化がある以上、女性と同じコミュニティに居続けられなくなるのも必然でしょう。社会的に可視化されるジェンダーの差はもちろん、それだけでなく、裏ではセックスの違い、つまりトランス男性の身体的な構造が内側から変わってしまったという事情がありまず。男性ホルモンの影響と無縁である女性から見れば、トランス男性が急に性欲を訴え出すことは男らしさのアピールを履き違えて有害になってしまったように映るかもしれません。ところが実態としては、他者の反応を気にしていられないほどに、人工的な男性ホルモン投与による急激な性欲の質の変化にトランス男性が苦しむことがあるのは事実です。自らの身体変化に慣れて、性欲と向き合っていくにはある程度の期間を必要とします。

侮蔑的に、トランス男性も「女性器をもつ」と表現されることはあります。たしかに表面的なパーツは女性のそれと同様に見受けられるのでしょう。しかしその内実はとっくに変えられていると言えますし、それが一当事者のリアルな感覚です。こうして性欲の内実は大きく変えられたにもかかわらず、外見上は大きな違いが見られないことでトランス男性は誰にも理解されないことがあります。

トランス男性の性的感覚については、複数のトランス男性当事者によるアンソロジー

"Self-Organizing Men: Transgender Female to Males Talk about Masculinity", Homofactus Press, L.L.C., 2015. からエピソードをご紹介します（これ以降は"Self-Organizing Men"と略記）。

同書においてトランス男性の Eli J. VandenBerg 氏は、女性からの視線をつらいものだと言います。というのも、「女性が私を愛して、私がトランス男性なのだと知ったとき、彼女が自身をレズビアン的な傾向があるせいで良い男（トランス男性ではない男）を見つけられないのかと疑問に思う」ことが生じ、その過程がつらくなるためです。トランス男性は女性ではなく男性ですから、トランス男性のことを愛した女性が「私はレズビアンなのかもしれない」と悩む必要は本来ありません。しかし実際にはヘテロセクシュアル女性がトランス男性をどう捉えていいのかわからなくなることがあり、それによって男性に見られたいトランス男性も傷つくことになります。私の予想では、こうした女性との関係性で自尊心がすり減るよりは、その部分を男性との関係性において補填しようとして男性間セックスに惹かれるトランス男性もいるのでしょう。

また、同書の編集者でもあるトランス男性の Jay Sennett 氏はこんな思いを綴っています。

"Having sex as a "transsexual man" or "a man who used to be a woman" did not work for me. I wanted to have sex as a man with a woman. (Jay Sennett)"

「『トランスセクシュアル男性』や『かつて女性だった男性』としてセックスをすることは自

分のためにならなかった。私はただ男性として女性とセックスしたかった。」

「ただ男性として」女性の前に立ち現れたいというトランス男性の夢は、現時点の医療技術ではほとんど叶いません。私が思うに、女性と対峙して「(相手の期待するようなシスジェンダーの)男性になりきれない」現実を噛みしめるよりは、シス男性と交わって男同士のコミュニケーションに身を置けるほうが違和感なくセックスを楽しめる、ということかもしれません。

男性ホルモンによる性的感覚の変化

トランス男性の性的感覚の変化については、同じく"Self-Organizing Men"のなかで、ミネソタ大学の助教授であるAren Z. Aizura氏が文中で事細かに述べてくれています。自慰行為は変化し、予測不可能なものとなります。トランス男性は性欲のある体に対処する方法をだんだん理解していきます。この変化はトランス男性に限らず思春期のシス男性にとっても同じ経験なのかもしれません。しかし規範的な身体ではないトランス男性は、自分自身で「(トランスジェンダーとしての)非規範的とされている身体」における「(男性としての)規範的な性欲」に立ち向かわなければなりません。Aren Z. Aizura氏の記述を借りると、「トランス男性である自分のdick(肥大したクリトリス)をよりdick(他の男性がもつ陰茎)に近づけようと研究する」というわけです。トランス男性のdick（肥大したクリトリス）は、勃起（erect）します。血液で満たされ、ピンや針のように敏感になり、露出し、硬くなります。こう書けば、一般的に想定される男性身体との親和性がかなり感じられるのではないでしょうか。サイズは小さいとはいえ、勃起や射精のビジュアルは他男性のもつペニスと似てきます。少なくとも、身体的な感覚が女性と同一視されていた頃とは随分異なっていることがわかります。2015年に出版された“Self-Organizing Men”では、トランス男性のゲイセックスについて隠さず語られており、思わずハイタッチでもしたい愉快な気分になりました。

日本では個々の発信を除いてトランス男性のポルノは少ないですが、他国では自ら積極的に身体アピールをするトランス男性の姿が可視化されています。大衆に開かれているとは言えませんが、探せばアクセスできる程度の情報はあります。はたして彼らは、「女性器をもっている」と自らの肉体を認識しているのでしょうか。トランス男性自らが下半身のことを「pussy（猫ちゃん、女性の陰部）」や「bonus hole（ボーナスの穴）」などと言うことはあります。だがそれは身体違和と折り合いをつけたうえでのお遊び、余興の側面が強いです。その発言をもって〝自らを女性と認識し、女性の性器をもっている者〟と彼ら自身が位置づけている、と見るべきではありません。陰核を「dick」「cock」（いずれもペニスを意味するスラング）と呼ぶこともまた多くあります。実際ペニス同様に、「男性器として」または「男性器の代わりとして」みなしているからです。残念ながら、直接的にトランス男性の性欲をターゲットにした商品は現在ほとんどありません。そのためシス女性向けか、シス男性向けのものを手にとるしかありません。セックストイも映像作品もそうです。その限られた選択肢のなかで消去法をとるのです。男性ホルモンとなじめばなじむほど、シス男性の身体と自身のトランス男性の身体を同一視していくこととなり、身体もまるで生まれた頃からシス男性と同一であったかのような感覚を覚えるかもしれません。肉体の話はここまでにして、次は心理的な話をしていきます。

トランス男性の孤立した心理

トランス男性が他者と性的行為をする際、センチメンタルな気持ちを避けたいと思っていることがあります。トランスジェンダーゆえ晒したくない、納得のいかない身体部位もたしかにあることは否めないからです。とくに性器に関しては、トランス女性の性別適合手術がリアルな女性器に近づけるのに対して、トランス男性の男性器形成は難易度が高すぎて、リスク対効果であきらめる人がいます。トランスジェンダーの医療といっても、トランス女性の医療のほうが進んでいるという印象をトランス男性はもっていることがあります。そういうわけで、同じトランスジェンダーといってもいつかトランス男性だけ医療方面で置いていかれるのではないか、という劣等感というよりは孤独感・孤立感のような虚無がトランス男性に襲いかかることがあります。そうした現実を性的興奮を覚えているときにまでもち込みたくはありません。

だから純粋に性欲処理を目的として淡々と動いてくれる男性（シス男性のときもあれば、ときにトランス男性同士の場合も）に惹かれることがあります。

前述したとおり、男性社会に入っていくための一手段として男性間セックスに励む場合もあります。行為が性的であるということを除けば、その構図はほかの行動にも見られるものです。職場の後輩が同性の先輩を見習うことや、非喫煙者であった男性がタバコミュニケーションを覚えて喫煙者の男性コミュニティに順応していくことと似ています。少年同然のトランス男性が大人の男性社会を知る一手段として、セックス市場が開かれているとも言えます。基本的にヘテロセクシュアル（異性愛者。この場合は女性を恋愛・性愛対象とする）男性は、その対象としてトランス男性を捉えることはありません。要求が合致していないのですから、当たり前のことです。なかには女性身体者やヴァギナをもつものなら誰でもいいという基準で、トランス男性を相手に希望するヘテロ男性もいますが、その基準はトランス男性にとって差別的であるため好まれません。例外的に、ヘテロ男性であっても性的好奇心が強く、トランス男性とも分け隔てなく楽しみたいと考える人もいますが、その可能性にかけるよりは最初から双方の希望が合う相手を探します。そのためゲイ男性、もといバイセクシュアル（両性愛者）やパンセクシュアル（全性愛者）など初めから男性を性的対象としている男性を求めて、トランス男性が性的交流をもつことになります。トランス男性自身がゲイではない場合でも、相手の男性にはゲイ（もっと広義に、男性同性愛者）であることを求めていると言えます。それがトランス男性にとっては、「男性として」「成人として」「同性扱いを受けて」「性的に」承認されたという、心理的優位性や安心をもたらすことにもつながります。

男性同性愛という歴史

引き続き“Self-Organizing Men”のなかから、トランス男性の考え方を探ります。

“I was the man he wanted for the night. Not only did this drunken stranger see me as a man, he saw me as a man he wanted to fuck. This drunken lust of a gay man did wonders for my self-confidence, far more than a year of therapy ever could. (Eli J. VandenBerg)”

「酔っ払ったゲイ男性が、自分のことを男として見ただけでなく、Fuck したい男として見た！　その自己肯定感たるや。1年の治療でここまでできる。」

トランス男性にとって、男性を性的対象とする男性に歓迎されることは、しばしば喜ばしいこととして解釈されます。男性としてパスできているだけでなく、性的魅力があると承認されているように思えるからです。

ここで私は一つの予想を立てました。新たに男性社会に仲間入りした少年が男性になる方法をゼロから学ぶにはゲイセックスが有効である、という話は現代に生きるトランス男性に限った話なのでしょうか。そこで個人的なことは歴史的なことなのかもしれない、と予想しました。シス男性とトランス男性における男性間セックスの図式は、男性同性愛の歴史にヒントを見ることができるかもしれません。日本史をさかのぼれば、足利義満と世阿弥という組み合わせや、織田信長と森蘭丸は有名なのではないでしょうか。

古代ギリシアの哲学者プラトンは「徳（アレテー）」[*6]について語っています。「アレテー」(ἀρετή, aretē) とはギリシア語では、「優秀性」「卓越性」といった意味合いです。知性や知識や指導力のみならず、戦士としての肉体の素晴らしさや勇気、戦闘技能の卓越性、道徳的にも優れた家柄の良い「男子市民」が「アレテーをもつ人」とされます。アレテーを若い男性、つまり青年・少年に授けるための文化制度がギリシアの「少年愛」でした。

男性としての実生活を経てきたシス男性は、少年同然のトランス男性にとって「アレテーをもつ人」に該当します。男性カルチャーの引き渡し、引き継ぎがシス—トランスの男性間セックスのあいだにも現れているのではないでしょうか。さらには年配の同性から「お前はいい体をしているな」「性的にひとを喜ばせることに長けているな」と承認されることは、男性社会で一人前になった感覚をトランス男性にもたらすことでしょう。くさいセリフでいうならば「ようやく男になれた」という承認を、男性社会で得られるのです。

単に「男性」であるだけでなく「成人男性」に近づいた証、というわけです。このようにトランス男性がゲイセックスに惹かれる背景には、「男性／女性」軸において男性側にコミットすることと、「成人男性／少年」軸において成人男性に参入することを示唆します。

もちろん良い意味でアレテーを提供するシス男性ばかりとも限りません。ときにシス男性がなりたくない男性のサンプルとなることもあるでしょう。「この振る舞いは男らしくない」「こんなガサツなふれ方をする男性はダメだ」という具合に。ただしここでも「なりたい／なりたくない」未来の自分像として相手の男性を見るうちは、トランス男性は教えを乞う「少年」の域を出ていないわけです。トランス男性が少年さながらの実地経験しかもたないうちは、対等な関係とは言い難く、男性間での主従関係とでも言える方向性が見えてきます。ここではわかりやすくシス男性とトランス男性を例に挙げましたが、先輩トランス男性と後輩トランス男性の関係性においても同様の見方ができるでしょう。

ちなみに男性同性愛の歴史について調べたところ、現象や文化としての説明、また年配者男性がどうして少年を求めたのかという考察はありました。一方で、肝心の少年（＝トランス男性）側の内面やメリットについて記述された資料は入手できませんでした。古代ギリシアの少

＊6　ちなみにプラトンの『メノン』（藤沢令夫訳、岩波文庫、1994年）では、「徳とは、生まれつきのものでもなければ、教えられることのできるものでもなく」（117頁）と結論づけられており、議論する以前の「徳とは何か」にテーマは終始しています。冒頭でメノンが挙げるように、徳にはいくつも種類があって、これこそが男の徳だと言えるものがある、というわけではありません。

年愛においては、少年が年長男性に服従することで得るもののなかに肉体的快楽はなかったとも言われています。そのためあくまで予想の域をでません。

しかも前提として、大半のシス男性とトランス男性が「男性同性愛」に抱く印象は大きく異なっています。『男の絆――明治の学生からボーイズ・ラブまで』(前川直哉、筑摩書房、2011年)での記述のように、シス男性の文化では暗に友情を意味する「男の絆」は尊ばれましたが、一方で「でもこの関係は男性同性愛ではないから」という、同性愛そのものとは別の関係性として強調されていました。けれどもトランス男性にはその文化は共有されてきませんでした。トランス男性目線では「男の絆」の一環として、男性同性愛であるゲイコミュニティへの参入やゲイセックスが躊躇いなくもち込まれることがあるようで、その姿勢はシス男性文化のなかで一時期(1870~1890年代)「男色(男性の同性愛行為)」が許容・歓迎されたときの理屈と似ています。というのも、男色が支持された理屈として、「女性との性的関係に溺れるよりは、男色に溺れたほうがいい。お互いに智力を交換できるし、将来の望みを語り合える」などと、いずれにしろ「成人男性」化するために有効、とみなしているからです。

同書の著者である前川直哉氏は、学生男色の歴史について、次のように記述しています。*7

「現在の読者の皆さんにとって、男子学生たちが『男色』に憧れる様子は、すこし奇妙に映るかもしれません。あるいは、現代のメディアなどで面白おかしく描かれる『男性同性愛』

の『女性的』なイメージに慣れてしまっていると、明治期の『男色』が『男らしさ』の一環としてとらえられていることに違和感を抱くことでしょう。」

トランス男性も明治期のエリート男子学生と似た感覚で、「男色」あるいは「ゲイセックス」を、「男らしさ」の一環として捉えているのではないでしょうか。

トランス男性にとっての同性愛

また、全然違ったトランス男性の捉え方としては、別段「男性に惹きつけられるように変化した」とは思っていないこともあります。トランス男性自身は変わっておらず、変わったのは相手の対応であり、それによってトランス男性も影響を受けただけ、という見方です。元レズビアンであった現トランス男性がゲイセックスに惹かれるのは、珍しいことではありません。かつては女性が性的対象だったのに、なぜ男性化した後は男性が性的対象になったのでしょうか。実は、その問いはナンセンスなのです。当のトランス男性は自分の性的指向が変わったとは捉えていません。

＊7　前川直哉『男の絆——明治の学生からボーイズ・ラブまで』（筑摩書房、２０１１年）、45頁。

"Queerness drifts from same–sex encounters in the context of lesbianism to same–sex encounters in the context of gayness."
("Self-Organizing Men: Transgender Female to Males Talk about Masculinity", Aren Z. Aizura.)
「クィアネスは、レズビアンの文脈での同性の出会いから、ゲイの文脈での同性の出会いへと変化します。」

"As a female, being physically intimate with a man doesn't feel natural. However, being intimate with women felt natural, when I was a woman. Now as a man, having sex with another man also feels natural. I often joke that no matter which gender I am, I'm simply gay."
("Finding Masculinity: Female to Male Transition in Adulthood", Jaguar.)
「女性として、男性と物理的に親密であることは、自然に感じることができませんでした。しかし、私が女性であったとき、女性と親密であることは自然に感じました。今、私は男性として、他の男性とセックスすることも自然に感じます。私は、私がどの性別であろうと、単に同性愛者なのだとよく冗談を言います。」

トランス男性のなかには以前はレズビアン（女性同性愛者）で現在はゲイ（男性同性愛者）になった人もいます。ただし当人はレズビアンからゲイへの移行としてではなく、境遇が女性であるときは女性を、男性であるときは男性を対象としている点で〝同性愛者〟という点では一貫しているので〝自分の性的指向が変わった〟とは捉えていないかもしれません。移行前と移行後、どちらもその時々の〝同性〟を性的対象としていた点では変化していないのだと、トランス男性の実感に則して〝同性〟を当てはめた際はみなすことができるからです。実際のところ、トランス男性自身が女性的な生活をしているときは、女性が同性の友として親しく接してきますし、一方で男性的な生活に移ったら、男性が同性の友として距離感を縮めてきます。結果的に、その時々の同性に該当する人のほうが仲良くなりやすく、壁をつくらずに性愛関係へ発展する、ということはありえます。男性化を経たあとのトランス男性は「同性の先輩」である男性とのコミュニケーションに心地よさを覚えることがあります。

ここまで述べてきましたが、トランス男性とゲイセックスにまつわる公的な研究結果がほしいかと問われれば、個人的にはそう思いません。もし医師から「これから男性ホルモンを投与しはじめると、性欲の高まりや孤独感によって、あなたの性的指向にかかわらず男性とセックスしたくなるかもしれません。そうした〝副作用〟も承知で、治療を開始したいですか」と同意を求められたら、かなり嫌な気分になるでしょうから。

ゲイの男性性

トランス男性がトランスジェンダーであり男性であることを了承したうえで、ゲイコミュニティに参入する背景はお話ししました。けれどもトランス男性目線を抜きにして、ゲイの男性性を見ていく必要もあるでしょう。以下では、森山至貴氏の論考「ないことにされる、でもあってほしくない――『ゲイの男性性』をめぐって」[*8]を参考にします。

まずゲイの男性性とは何を意味するのでしょうか。ここでは男性性とは、「男性という属性」を意味するのではなく、「男らしさ」という積み重なった性質を意味するものとします。そのためゲイの男性性というのは、マジョリティである異性愛者の男性には見られないがゲイ男性には見られる、「ゲイ固有の男らしさ」といった限定的な意味です。ただしそう定義すると、さっそく袋小路に入ることになります。

複数の男性性を提唱したレイウィン・コンネル氏は男性性の類型として4つを提示しています[*9]。第一にもっとも価値の高い存在と見なされ規範とされる「覇権的男性性（Hegemony）」、それに追随し利益を得ようとする「共犯的男性性（Complicity）」[*10]、男らしさの欠如と紐づけられる「従属的男性性（Subordination）」、マジョリティのもつ人種や階級とは異なった立場で特有の男らしさを保持するであろう「周縁的男性性（Marginalization）」です。

このうちゲイは「従属的男性性」の例として挙げられています。そこで語られる「従属的男性性」は、どのように男らしいかを示す性質としてではなく、男らしさが欠如していることを指しています。家父長制的な文化において、シスジェンダーで異性愛者である男性が優位に置かれ、それに該当しない者は劣っているとみなされることがあります。男性同性愛に対しては「妻や子どもを率いることをしない・できない」、男性性の欠如と解釈します。その影響でゲイは「男らしくない」「女らしい」と位置づけられてきました。しかも性表現において女装をするゲイ男性がいることから、「ゲイって心は女子なんでしょ?」[*11]と誤解されることがありました。これは男性を愛する男性であるゲイに当てはまる説明ではありませんが、少なくとも他者からの位置づけはそうである場合があります。

ゲイ固有の男性性を問いたいにもかかわらず、ゲイは男らしくないのだとしたら、ゲイの男性性はないことになります。コンネル氏がインタビューしたところ、ゲイ男性も十分に「男ら

＊8　森山至貴「ないことにされる、でもあってほしくない――『ゲイの男性性』をめぐって」『現代思想』2019年2月号（特集＝「男性学」の現在――〈男〉というジェンダーのゆくえ）。
＊9　Raewyn Connell, "Masculinities", Univ of California Pr, 2005 (Second Edition), pp.76-81.
＊10　シスヘテロの弱者男性は「できることなら強者として生きていきたかった（が、それができない）」存在として、「共犯的男性性」に該当するかと思います。可能であれば現状の男性社会に追随し、強化していたかった男性だからです。
＊11　鈴掛真『ゲイだけど質問ある？』（講談社、2018年）、52～56頁。

しい」のだと言いますが、それはゲイ固有の男性性を保持しているために「男らしい」のではなく、異性愛の男性と同じように「男らしい」というだけでした。ゲイ固有の男性性はどこにも記述されていません。

こう見ると、「LGBT」「セクシュアルマイノリティ男性」「性的少数者の男性」とひとくくりにされたとしても、トランス男性とゲイ男性はまったく異なる男性性にふれてきていることがわかります。コンネル氏の分類でいえば、ゲイは「従属的男性性」ということですが、トランス男性は「周縁的男性性」に当てはまるでしょう。[*12] トランス男性は数的にも社会認知度的にもマイノリティでこれまで語られてこなかったけれども、おそらくは固有の男らしさを形成していると考えられるからです。だからこそ私が最終章で主張したいのは、周縁的男性性に据え置かれていたトランス男性にようやく焦点を当ててみてはどうか、という話です。そこには既存の男性性――覇権的男性性、共犯的男性性、従属的男性性のいずれも――に見られなかった視点があるはずです。

＊12　トランス男性でゲイであるダブルマイノリティの人はどう位置づけられるのでしょうか。私の考えでは、トランス男性としての「周縁的男性性」とゲイ男性としての「従属的男性性」のどちらの性質にも当てはまったり、どちらか一方だけに偏っていたり、事態は固定的ではないと想定しています。はたまた「トランス男性かつゲイ」としての別の男性性を、周縁的男性性のなかでさらに枝分かれして見出している可能性もあります。

コラム　『POSE／ポーズ』に見るトランス男性の不在と、夫人の抱える“名前のない問題”

アメリカのテレビドラマ『POSE／ポーズ』シーズン1を全8回分鑑賞しました。制作陣もLGBT当事者が多く、トランスジェンダーのキャストが50名以上出ると聞いて、前々から気になっていました。それでもやっぱり重い腰がもち上がらなかったのは理由がありました。

どうせトランス男性は不在で、いつものように女装したゲイやドラァグクイーンと、トランス女性ばかりが、差別を受けながらも特定の場所でのみ輝く話なんだろう、と思っていたからです。結論からいうとそれは間違っていなかったかと思います。それはそれとして、トランス男性当事者意識というものを抹消して観る分には（いつもそうです）かなり良い作品でした。

以下、覚え書きとなります。正確なセリフは原作を観て確かめていただきたいです。

トランスジェンダー出演といってもトランス男性は見えない

舞台は1980年代ニューヨーク。LGBTコミュニティはじめ、有色人種や階級の低い人々の集う場であった〝ボール〟で展開していきます。ボールとは、着飾って踊り、点数を競うディスコのような場所です。

きっかけは「トランスジェンダー当事者のキャストが集結している」ということで知った作品です。ボールに集まる老若男女を見て、トランス男性もいるのだろうか、と気になりました。もちろん完全に埋没していて、とくにトランスジェンダーの男性として取り上げられることがないのであればそれは何よりです。めでたいことです。

けれども、ではトランス女性にばかり「ホルモンバランスが悪い」「下半身の手術がしたい」と医療方面の発言を任せっきりなのはバランスが悪いのではありませんか。まったくトランス男性のトランス性が見えてこないのであれば、やはりトランス男性は出演していないのか、たとえ出演はしてもまったく特有の問題にふれられていないのか、と失望するわけです。大概トランス男性のほうが医療面でも進歩が遅く、男性ホルモンの入手も手術も、トランス女性に比べるとイマイチなので、この時代ならなおさら姿が見えないというのはかえってリアルなのでしょうが。

もしかしたら単に男性同性愛者として描かれている男性のなかにもトランス男性はいるかもしれない、と完全には望みを捨てずに観続けます。けれども「ナニは大きかった？」というようなセリフが出ると一瞬でパーです。そのノリは幾度も体験するシス男性のものです。結局そこで描かれる〝セクマイ男性〟はシスゲイであり、トランスゲイではないのです。

ペニスのない男性は男性として想定されることはありません。ふり返ればフェミニズムが女性の身体について言及する（しなければならない）多さに比較すると、男性学のなかでは、男性の身体に言及する機会はまずもってありませんでした。この一因は、社会全体がman＝男性基準でつくられているからでしょう。男性基準にハマってこなかった女性はその分、「女性の体だってこんなふうに社会に存在しています、無視するな」とアピールする必要がありましたが、男性はそうではありませんでした。

そんな男性基準の社会ではありますが、男性性の話題で出てくるほとんど唯一の象徴といえば、ペニスなのです。精神科医フロイトの男根表象から、包茎への関心度に至るまでそうなのです。

もう一つ、意識の差からも『POSE／ポーズ』でのトランス男性の不在が読みとれます。シス男性間では「ゲイは女々しいヤツ」という認識が大半でしょう。アメリカ文化において「女性的な男らしさ」は通常、男性の同性愛の証拠として用いられてきました。そして同性愛の男性性というものは抑圧されており、男性内ヒエラルキーの底辺に位置づけられてきました。[*] これは日本も同様の風潮です。

＊ Raewyn Connell, "Masculinities", Univ of California Pr, 2005 (Second Edition), p.78.

しかしトランス男性の認識は違います。トランス男性にとっては「ゲイの仲間入りなんて、男らしくて嬉しい」という認識があるのです。たとえトランス男性が実際には男性に惹かれておらず、同性愛者であるとは自認していない場合でも、男性同性愛者として認識されることはデメリットとして気になりません。トランス男性がゲイ扱いされたからといって、「女々しい男だと思われた」「自分の男らしさが下に見られた」と失望する事態には至らないのです。多くのシスジェンダーの男性とは異なり、トランス男性は彼の男らしさがこの誤読（ゲイではないにもかかわらずゲイだと思われたこと）によって疑問視されたり脅かされたりしているとは感じていないためです。むしろ、愛し愛される主体に男性だけしかないゲイコミュニティへの憧れを抱えている場合さえあります。なぜなら、トランス男性が女性扱いされていた頃にはありえなかったことですから。トランス男性にとってゲイの仲間入りをすることは、男らしさが認められた場合にのみ可能になる幸福、なのです。

このようにシス男性とトランス男性の、ゲイに対する認識には圧倒的なズレが生じています。これは大きく取り沙汰されてきませんが、トランス男性の男性性に固有性があることの一例でしょう。そのためゲイが「女々しい存在」として描かれている限り、そこにトランス男性の意向は反映されていないと見るのが妥当です。

なお、トランスジェンダー女性のキャストや演出が成功している点は、他にメディアやトランス女性当事者が発信してくださっています。私からは「トランスジェンダーといっておいて、いつもトランス女性しか出さないではないか」「ゲイといっておいて、トランス男性のゲイ（バイやパンセクも）はつねに無視されるではないか」と文句を残しておきます。たとえが的確かわかりませんが、黒人女性が不可視化されてきた構造と似ているようです。「黒人」といっても「黒人の男性」にだけ着目されること、「女性」といっても「白人の女性」にだけ着目されることで、黒人女性の存在が取り沙汰されなかったことと同じです。

白人エリート男性がトランス女性に惚れることもある

トランスジェンダーがメインの作品ではありますが、白人夫婦の登場する点が素晴らしいと思いました。この白人夫婦によって、LGBTコミュニティの歴史に限らず、第二波フェミニズムと、男性学で語られる問題も見事にすくいとっているからです。

エリートの白人男性スタン・ボーズは、娼婦のエンジェルに恋をします。エンジェルはトランスセクシュアル女性でした。ちなみに作中表記は英語で“transsexual”、日本語訳では「トランスセクシュアル」でした。

1980年代ニューヨークでは、性別適合手術はほとんどおこなわれていません、というより実験台として最初の一人目、二人目になってみるか？　というレベルです。なのでトランスセクシュアル女性というと、下半身にナニがついていて、正体を知られると大半の無理解な人には女性として扱われない、というわけです。そういうわけで、そんな彼女を愛したスタンは悩むことになります。俺は同性愛者だったのか？　なぜ惹かれた相手が彼女だったのだろう？　と。

スタンの内面とは無縁ですが、この当時はトランス女性からすれば、手術をしていないからこそ白人エリート男性に金銭的援助をしてもらえる、というケースもありました。〝珍しいモノをつけている女性を支配したい〟という願望をもつエリート男性の加護下（コレクションとでも言いましょうか）に置かれる、というわけです。実際に作中では、手術をしたことで、男性からの援助を打ち切られるトランス女性エレクトラの姿も描かれています。そのため下半身へのこだわりは、トランス女性本人の身体違和に限らず、関わるエリート男性にとっても一大事である場合がありました。

白人女性の〝名前のない問題〟にも注目

一方で、浮気される側の白人女性パティ・ボーズの気持ちにせまっているのが本作でなんといっても良いところだと思います。パティは、家庭を守る専業主婦です。「夫は愛しているけれど、このままボーズ夫人として過ごすのは嫌」と、アメリカの著名なフェミニストであるベティ・フリーダンが提唱した「名前のない問題」を取り上げているのです。この夫人はまさに〝理想化された幸せな郊外の夫人〟という設定そのままで、中産階級の主婦が感じる虚しさや不安を体現したようなキャラクターです。本当に郊外に住んでいますし、医者にＨＩＶ検査を申し出た際には「あなた方のような幸せな家庭になんの問題もないでしょう？」という態度をとられてしまいます（そこで、「いいから、検査して！」と珍しく白人女性が声を張り上げる場面がまた良いです。夫がトランスセクシュアル娼婦とセックスした、と知った後の描写です）。

白人女性パティは、浮気相手エンジェルの居場所を知ると直接会いに行ってしまいます。エンジェルに対してどんなトランスヘイトがくり出されるのかと構えている――バケモノ！　とか気持ち悪い！　と蔑みそう――と、しかしながら案外カフェで建設的な会話をするので拍子抜けしました。

というよりは、パティからすると夫の浮気相手は「職場が同じ白人のエリート秘書だろうか」程度のよくありそうな予測だったというのに、浮気相手の正体が〝プエルトリコ系の褐色の肌をもったトランスセクシュアル女性で娼婦〟という現実を知って、すぐには飲み込めなかったというのが正解かもしれません。

しかも夫のほうから桟橋にいたエンジェルに声をかけて、肉体関係から始まり恋人として一緒に過ごすことまで求めたというのです。ここもポイントです。トランスセクシュアル女性であるエンジェルのほうからではなく、エリート白人男性のスタンのほうが惚れているかのような描写が見てとれるのも見事です。トランスパーソンばかりが一方的にシスパーソンの愛を求めているのではありませんし、トランスジェンダーのセックスワーカーだって本気で愛されることがあるのです。この部分に関しては、「不運で不幸なトランスジェンダー像」を終わらせるためのリアルを見せつけた、と言えるでしょう。もちろん恋愛模様はエンジェルにとっての一側面で、〝ハウス〟というコミュニティでの家族のような関係性も『POSE／ポーズ』の見どころです。

さて、浮気を知ってしまったパティは夫スタンに、一時的に家を出て行くよう告げます。とはいっても、「あなたはダメな夫だけど、良い父親だから」と、子どもたちに会う機会はしっかり設けようとしました。感情的に離婚して終わり、としなかったのも、パティという〝いつも夫の脇役で意思のない専業主婦〟として描かれがちな女性をきちんと描いた証拠ではないでしょうか。

パティにまつわる素敵な描写は他にもありました。

夫の上司は、パワハラかつセクハラ常習犯のような男性です。上司はスタンが愛人（エンジェルのこと）を養うために給与アップを申し出た事態を察知して利用します。

エピソード1の第3話でスタンがクリスマスプレゼントを買う際の店員の応対からし

ても、「エリート男性たるもの、愛人をもってこそ一人前！」という規範があったように読めます。スタンが積極的に明言することはありませんが、エリート会社員として勤めなければならない男性の苦悩が表情から読みとれます。そして、だからこそそんな平凡でつまらない自分の人生とは違った、エンジェルが魅力的に見えたのかもしれません（スタン本人はこうした意味づけを嫌うでしょうが）。

上司は夫婦間の弱みを握ったつもりで調子にのり、パティが一人でいるタイミングで家まで訪問して彼女にキスをします。しかし白人女性パティは流されてうやむやにせず、断りました。再度会ったときには「夫がいなかったとしても、あなたのことなんか好きにならない」といったセリフを吐くのです。よく言った！

最終回ではパティは、夫スタンに「私は大学に行って博士号をとりたい」と主張します。世間の〝幸せ像〟を押しつけられ、それしか歩めなくなっていた専業主婦の状況から一変して、そうした決意が出るところまでパティの変化が見られるのは素直に嬉しいです。夫に対しても「ニューヨークのエリート会社員にこだわらなくても、そばで勤務してもっと子どもたちと過ごせる生活にしたら」と提案します。男女のジェンダー観が変わりゆく瞬間と言えます。

以上、『ＰＯＳＥ／ポーズ』シーズン１の感想でした。

ところで、ここでは深掘りしませんが「〝名前のない問題〟は弱者男性論と似ている」という印象を私はもちました。切りとる要素はすべからくマジョリティ的であって、恵まれているのだからいいんだろ？　とみなされる点、それによって個人の生きづらさには焦点が当たらず、ルサンチマンすらもてない状況、それこそがつらい、という点で。なおここで想定する弱者男性とは、「フェミニストや女性全般という仮想敵」をつくらないタイプの男性のことです。

第6章 ◆第三の切り口◆ トランス男性の男性性を探して

トランス男性の男性性

ここからは、既存のフェミニズム、LGBT運動やトランスジェンダースタディーズ、男性学のいずれの領域でも取り扱われてこなかった話を始めましょう。それは、トランス男性特有の男性性についてです。*1 前章においては、有害な男性性を一旦シス男性同様に引き受けたうえで、マイノリティ男性として男性内部から目指せる地点があるのではないか、と論じました。しかしながらこの章では前提が異なります。「規範的な男らしさを表現し体現するシスジェンダーの男性として認識されることを望んでいない」場合の、トランス男性のあり方について論

＊1　トランス女性がシス女性と全く同じではないながらも女性であることについては、清水晶子氏による論考「第6章　『同じ女性』ではないことの希望――フェミニズムとインターセクショナリティ」（岩渕功一編著『多様性との対話――ダイバーシティ推進が見えなくするもの』青弓社、2021年）を参照ください。

じます。つまりトランス男性であることをよりオープンにする方向性です。
トランス男性の男性性というテーマは、自らもトランス男性であるMorgan M. H. Seamont氏による論文"Becoming 'The Man I Want to Be:' Transgender Masculinity, Embodiment, and Sexuality."[*2]で語られている内容を下敷きに、見ていきましょう。

"As some stated, "why transition if you don't want to be seen as just a man?" For trans men, it is not that they do not want to be seen as men, rather it is that they do not want to be seen and treated as if they are cisgender men."[*3]
「一部の人は述べます、『あなたがただの男として見られたくないのなら、なぜ移行するのですか?』と。トランスジェンダーの男性にとって、男性として見られたくないということではなく、シスジェンダーの男性であるかのように見られ、扱われたくないということなのです。」

トランス男性の多くが「男性扱いされたいが、シス男性のように扱われたくない」と独自の立場を望んでいるようです。これは覇権的男性性を継承したくない、と同義ではないかと考えられます。イギリスのアーティストで異性装者でもあるグレイソン・ペリー氏は、著書『男らしさの終焉』のなかで「デフォルトマン」[*4]という言葉を用いています。デフォルトマンは社会の標準的な存在として、社会構造のなかで何不自由なく暮らし、難なく社会的に成功していく男性の象徴を表しています。

現に培われてきた社会構造のなかで成功するには、ときに性差別に加担したり、トランスジェンダーのようなマイノリティを無視したりすることも含まれてきました。そうして「普通」「標準」である自分と自分同然の仲間だけが優位に立つことで、社会構造を維持することができました。トランス男性自身が覇権的男性性を継ぎ、デフォルトマンのようにふるまうことも可能ではあるでしょう、社会的に男性の一員になれたのですから。しかし、一部のトランス男性自身はそのようなシス男性にはなりたくないと告げているのです。

"but many trans men are not drawing on the same stylizations and acts that cisgender men do. This is in part because those norms were not congealed in their youth through a long process of being socialized as a male, but also because they are rejecting behaviors and attitudes that denigrate women, uphold patriarchy, and promote hypermasculinity.[*5]"

＊2 Morgan M. H. Seamont, "Becoming 'The Man I Want to Be:' Transgender Masculinity, Embodiment, and Sexuality", B.A., Washington State University, 2007/ M.A., University of Colorado, 2010.

＊3 M. H. Seamon、同＊2、95頁。

＊4 グレイソン・ペリー／小磯洋光訳『男らしさの終焉』（フィルムアート社、２０１９年）。

＊5 M. H. Seamon、前掲＊2、53頁。

「しかし、多くのトランスジェンダーの男性は、シスジェンダーの男性と同じ様式や行動を利用していません。これは、これらの規範が男性として社会化される長いプロセスを通じて若い頃に固まらなかったためだけでなく、女性を中傷し、家父長制を支持し、男らしさの誇張を促進する行動や態度を拒否しているためです。」

このMorgan M. H. Seamont氏の論文では、「トランス男性の一部はすでに男性コミュニティ内で生活していますが、ほかの男性とは異なる視点をもち、新たな男性性を創り出す可能性がある」ことが提唱されています。

なぜならトランス男性は男性ですが、そのほか大勢のシス男性とは異なる経験を経てきているからです。トランス男性がカミングアウトしない場合、〝その他大勢のシス男性〟として認識されることになります。そこで不快感が生じることがあるのです。疑問に思う方もいるかもしれません。トランスジェンダーである男性が、せっかく単に男性として生活できる状態になったのに、何が不満なのでしょうか。従来の物語では、トランス男性が男性として扱われないがための苦悩が演出されてきました。「本当は男性なのになぜ女性扱いするのか」「なぜ男性なら許されることが自分には叶わないのか」といった部分にのみフォーカスされてきたのです。「誰も真っ当に男扱いしてくれないじゃないか」という怒りや哀しみです。それは紛うことなき事実でした。しかしながら今度は、単純に男性扱いされるようになったらそのことに疑問を呈するようになるのです。その不快感についてひもといていきましょう。

まず指摘できるのは、シス男性が培ってきた男性性への忌避感です。シス男性が培ってきた男性性の最たる性質は、コンネルの語る「覇権的男性性」と合致することでしょう。もっとも賞賛される男性性といえば、戦時中なら兵士であり、戦後の経済成長期においてはサラリーマンという形態であり、近年では自力でのし上がってきた起業家が該当するでしょうか。しかしそれだけにとどまりません。その不快感は覇権的男性性という存在そのものと、それに従いたいと必死ぶる個々のシス男性たち、またすでに男性内ヒエラルキーに組み込まれている共犯的男性性や従属的男性性に対しても発揮されます。つまりシス男性の社会において強者ポジションの男性だけでなく、それに順応しようとシステムを強化する者たちにも同様の不快感をもつことになります。男性社会に後から組み込まれたトランス男性からすれば、シス男性を中心に維持されてきたシステムを現状維持または強化しようとする男性は、すべからく賛同しがたい存在です。その者が社会的に強者であるか弱者であるかは関係ありません。弱者へ同情の余地はあっても、免罪の余地はありません。ここには大きな葛藤が生まれます。前章で述べたように、トランス男性自身も、男性社会で生きる以上はシス男性中心社会を維持する共犯者にならざるをえないことがあるからです。男性社会に接した地点ですでにあまりにもシス男性中心的で萎縮するかもしれませんが、厳しい道のりはそこから始まります。

トランス男性は初めからその範疇に組み込まれていなかった分、余計に疑問視します。「せっかく男性側へ適合できるタイミングがきたというのに、なぜわざわざそんな不名誉な男性性を被らなければならないのだろう」と。もし幼少時からずっと男性扱いされてきたシス男性であれば、好ましくない男性性と自分自身が同一化される経験に慣れていることでしょう。それゆえトランス男性のように自身の新たな男性性に着目しようとするのではなくて、単に「男性である自分はダメだ」と男性全般を主語にしたうえで自責することになるのです。メンズリブの一つのパターンはそうでした。また弱者男性論が生まれた経緯も同様で、他者に対して「それ以上加害的でダメな男性像を見せて、男性である私を苦しめないでくれ」と匙を投げたかたちではないでしょうか。トランス男性はシス男性と異なり、好ましくない男性性を当事者として押しつけられる経験がない（少ない）分、批判的視点を最初から備えていることがあります。Morgan M. H. Seamont 氏の言い回しによると「女性としての古いレンズ」をもっている、ということです。私の意見では、「（心情的に）女性として生きてきた」というよりは「（社会的に）男性として生きてこなかった」というニュアンスがより近いですが。

そうした意味で「男性よりましでありたい」[*6]と願うこともあるのです。トランス男性が誰かにカミングアウトして「本当に？　男にしか見えなかったよ」と言われるとき、トランス男性はどんな心情を抱くのでしょうか。無事にパスできていることの表明としては嬉しく思うかもしれません。しかしながらトランス男性にとってかならずしも歓迎できる言葉とは限りません。第一に、すっぽりシス男性同様にみなされたとしても、シス男性が作り出してきた覇権的男性性を継ぎたくないと思っている場合があるからです。第二に、かつての経験・アイデンティティ・コミュニティが消されているように感じるからです。したがってトランス男性が男性社会で何不自由なく生活できているように見えても、クィアとフェミニズムの価値観に基づいて新たな男らしさを作り出すこと、そうでなくともシス男性中心の男性性に疑問を呈することはあります。

もちろんこのような言い方にはすぐ賛同できないトランス男性もいることでしょう。トランス男性にだけ新しい役割を担わせすぎではないか、と。もしこうしたことをトランス女性に置き換えてみたら、その奇妙さが際立つのではないでしょうか。女性として生活しているトランス女性に対して、〝彼女は男性としての古いレンズを通して見ているので、男性差別にも気づけます〟といった書き方は見受けられません。これは男性差別や男性学が、フェミニズムに比べると未だ歴史が浅いからです。女性と男性という性別を移行してきた存在としてトランスジェンダーを捉えたとき、トランス男性がフェミニズムの文脈に組み込まれることは、第4章で述べたように存在していました。しかしトランス女性が「トランス男性にとってのフェミニズム」に値するほど、かつて「男性学」の文脈に組み込まれてきた存在であるとは言えないでし

＊6　トーマス・ページ・マクビー氏は、著書で男性への移行前をこう語ります。「『男みたいだけど、それよりまし』という表現には大学生活の最中も支えられた。（中略）侵入者としての私は存在感を発揮しつつ（「男みたい」）、男というものがともなう一連の問題からは逃れていた（「それよりまし」）」（『トランスジェンダーの私がボクサーになるまで』小林玲子訳、毎日新聞出版、２０１９年、１５０頁）。

ょう。逆に、トランス女性が女性ジェンダーを背負うようになってからはもっぱらフェミニズムで盛り上がることになります。一方で男性ジェンダーを引き受けたトランス男性が行きつく先であるはずの男性学は未成熟で、行き場を失います。

もしもトランス男性に役割を背負わせて都合よく輝かせたい場合は、次のようにも言えるでしょう。トランス男性を「女性体験ももつ現男性」として、シス男性には想像のつかないある種の優位性を与える、ということも可能ではあるはずです。フェミニズムの課題を語ろうとすると、どうしても男性は周縁にしか居られなくなることがあります。しかしトランス男性はフェミニズムに関して身をもって知っている部分があります。そのため、いわゆる〝リベラルな男性〟のなかでも一歩進んだ問題意識をもつ男性、と外野がもてはやすことも可能でしょう。トランス男性は「生理のつらさを知っている」「痴漢の怖さを知っている」「戸籍が女性であるというだけで差別されることを知っている」、先進的な体験をしている男性であると。しかもそのトランス男性が男性に移行してパスした現在では、女性差別の当事者とならずに済む完全な傍観者として存在しえます。こうしてトランス男性の外面的要素だけ切りとると、まるで男性のなかの優等生であるかのようです。かつては主観を込め、現在は客観的に傍観していられる、リベラルな男性としてトランス男性はフェミニズムを記述することができるようです。しかし、こんな重荷はシス男性にもシス女性にもトランス女性にも課せられたことはなかったはずです。トランス男性ゆえの苦難は都合よく覆い隠され、そのうえで社会の利益になることを成し遂げられるとでもいうのでしょうか。

ここで大事なことは、たとえトランス男性が女性のように生活していた期間があっても、シス女性（なかにはシス女性と同一視されるトランス女性もすでに含んでいることでしょう）とは気持ちを共にしていなかったことがあるということです。女性と似たような経験をしていても、思考はまったく異なっていたのかもしれません。ちなみにジェンダークリニックにおいて性別違和の自分史で深掘りされるのは、このあたりのズレていた感覚、違和感についてです。

また、トランス男性が男性として意見するようになったとしても、シス男性とは視点を共にしていない可能性があります。だから単純に表面的な経験だけを切りとって、トランス男性は女性のことも男性のこともわかる万能な存在である、と結論づけることはできません。しかも「女性のことも男性のこともわかる」というとき、その経験はシスジェンダーの男女の経験に依拠しています。トランスジェンダーの経験は無視されています。その点をふまえると、トランス男性がシスジェンダーの男女双方の経験をしているとは素直に言えないでしょう。トランスジェンダーの視点はシスジェンダーの男女にとって新しい発見をもたらすかもしれませんが、それはトランスジェンダーの視点を多分に含んでいるものでもあります。そのまま導入することがかならずしも正しいわけではありません。これはトランスジェンダーの人々が、シスジェンダーの男女に合わせることが最適解とは限らないのと同じことです。トランス男性の培ってきた女性性・男性性には、トランスジェンダーならではの視点が組み込まれてきたはずです。

ここまで読んでくださった読者には、私が男性学を記述していたとしてもシス男性目線にだけ立っているわけではないことは感じとっていただいたことでしょう。

ときによっては、トランス男性は「無条件でシスジェンダーである男性」と認知されるよりも、「トランス男性」として別ものとしてありたいという願望を抱きます。けれども、勘違いしないでください。これはけっして「女性」とミスジェンダリングされることや、「トランスジェンダー」としてだけ可視化される存在を望む、という意味ではありません。男性だけれども、既存の男性とは異なる部分のある男性だと伝えたい、ということです。この現象は時間を縦軸、空間を横軸としたとき、いわば横軸のバリエーションです。縦軸のバリエーションについてはなじみがあるはずです。たとえば平成生まれの男性が昭和生まれの父親とは別の価値観があることを主張したい、「古くさい価値観をそなえたオヤジとはいっしょにしないでほしい」と望む状態です。男性は男性といっても、世代の異なる父親の価値観と息子の価値観が同一のものだとは言えないでしょう。横軸のバリエーションも同じことで、同時代に別の価値観を培ってきた男性はいるのです。男性という同一属性のなかで当たり前だと思われてきた価値観と、トランス男性は少し異なるかもしれない、という話です。

すでに既存の男性学でも、従来のサラリーマンではなくニートやフリーターとなる男性が増えだした頃には、「男性」とひとくくりにしたときの世代間の差について着目されてきました。そろそろ同時代に生きる「男性」のなかにも、さまざまな経験をもつ男性がいるという事実に、目を向ける必要性もあることでしょう。男性内の差異は、世代間の違いにとどまりません。日本語圏では特徴として、「同質であることを前提としたハイコンテクストなやり取り」[*7]が挙げられます。言わなくてもわかってくれる、という同調圧力が背景にあります。しかしなんとなく同化し続けるのではなく、違いを言語化するように置き換えていくことも必要です。

トランス男性が男性学の前に立つとき、ようやく入り口が見えてきたという少しばかりの感動をもたらします。ここまできてやっと「男性として」の主人公になれるかもしれないのです。それまではまったくと言っていいほど無視されてきました。信じられるものがフェミニズムだったり、レズビアンバーのお姉さんだったり、トランス男性が不在でありながらLGBTメディアに価値を置いたり、そうするほかありませんでした。「そんなものに救いを求めるなんて、本当にトランス男性なのか」と批判する人に対しては、「ではどこに私の居場所があったのですか」と問い返すべきでしょう。

"Self-Organizing Men"——トランス男性によるトランス男性のための本

おぼつかない脚でフェミニズム畑を歩んできて満身創痍ではありますが、本番はここからで

＊7　清田隆之『さよなら、俺たち』（スタンド・ブックス、2020年）、135〜137頁。

す。私がずっとしたかったのはここからの話です。トランス男性を包摂するフェミニズムから男性学への移行について、すでに引用した部分もありますが、"Self-Organizing Men: Transgender Female to Males Talk about Masculinity"をご紹介することとします。

"Self-Organizing Men"とは、直訳すると「自己組織化男性」でしょうか。まず導入から共感に満ち満ちて、日本語で探してみた限りではまだここまで納得のいく表明に出会ったことがなかったので、さっそく歓喜しました。

"I had failed the feminist movement because I had become a man,"
"I didn't find that book, so I decided to create one (Introduction, Jay Sennett)"
「あ、もう自分は男だ。だからフェミニズム運動ではやっていけない。」
「でもトランス男性を含む新たな道筋（本）は見つからなかった。ないなら、自分で作るしかない。」

そういう経緯で始まったのがこの本"Self-Organizing Men"であるわけです。誠に僭越ながら、まさしく私も同じ経緯でいくつかの検索結果のなかからこの本に出会うことができました。トランス男性を含む「マイノリティ男性」の語られなさは、述べてきたとおりです。

著者の中でも発起人となるJay Sennett氏は、ホルモン開始から6年経ったのち男らしさの中核にせまることとなりました。自分自身のために。トランス男性であるJay Sennett氏には、パラドックスがあったと言います。男性的な脆弱性、ペニス、白人特権（アメリカでは無視できない観点です）、内部反発のすべてとともに生活していくこと、子ども時代、そして私たちの心の奥深くのパラドックスをいかに保持するか。それらを解決する本は見つかりませんでした。だから自ら作ることにしました。“Self-Organizing Men”は、複数のトランス男性を中心とした、アンソロジーです。エッセイ、挿図、詩、対談などがこの一冊に紡がれています。寄稿者[*8]は内容とプロフィールからトランス男性当事者であるとわかる方がほとんどですが、調べた範囲では当事者か否かわからない方もいました。

私自身は別段バイナリーな（男女二元論の価値観をもった）トランスジェンダーではありません。正確には男性としての自覚などなく、もちたくもないというのが正直なところです。それでも男女でハッキリ区分される世の中で自覚させられるほかないから、やはり向き合わざるをえないのです。けれどもそうした「トランジションを〝移行過程〟として捉える」視点が余計にこの“Self-Organizing Men”に惹きつけられた理由とも言えます。これまで性同一性障害やトランスジェンダー男性といえば、「持続的に性自認が男性であること」が前提であり絶対条

＊8　Eli Clare, Scott Turner Schofield, Tim'm T. West, Dr. Bobby Noble, Nick Kiddle, Eli J. VandenBerg, Jordy Jones, Doran George, Aren Z. Aizura, and Gaylourdes. Editor Jay Sennett is an award-winning author, screenwriter and filmmaker.

件のようでした。そうでありながら、一旦男性としての社会的生活が成り立つと、今度は〝そんなこと〟は重視されなくなります。なんとも不思議なことです。トランスジェンダー扱いされるうちは親切の度がすぎるほどgender identity（性自認や性同一性と訳されます）が重大な要素とされてきました。それなのにシスジェンダー同然にみなされるようになると、gender identityが男性で固定されているのが〝当たり前〟なので、内面の話からは離れます。「あなた自身が男性だと感じていようがいまいが、あなたは男性でしょう」という断定を、社会から為されるように変わるのです。性別移行後のトランス男性は、外部からなかば強制的に男性であると感じさせられるようになります。

〝Self-Organizing Men〟のなかでトランス男性にまつわる頻出ワードは順にこのような印象です。類似表現もあり正確な登場回数は数えられていませんので、大まかな読み手の印象になりますが。これを見ると、トランス男性の生活にとって何が優先されているかわかりやすいです。

1. testosterone（男性ホルモン）
2. penis, dick, cock（ペニス）
3. lesbian, dyke, feminist（レズビアン、男性的なレズビアン、フェミニスト）
4. top surgery, chest reconstruction surgery（胸オペ）
5. gender reassignment surgery, bonus hole（SRSや膣など、下半身について）

"Self-Organizing Men" では adam's apple（喉仏）や phalloplasty（陰茎形成術）の登場回数は低いです。声変わりはトランス男性にとって重大な要素なのにその研究はなされていない、という現状は別のレポートにも報告されていました。[*9] 実際のところありがたいことに、トランス男性が男性ホルモンを投与すると自動的に声変わりが起こるので、理論的な説明はなくてよいわけです。理屈抜きで声変わりの効果が得られます。一方でトランス女性の場合は女性ホルモンを投与しても、一度低くなった声が高くなるわけではありません。そのため自力でボイストレーニングをするために、トランス女性の側は変声や男女の声質の差について理論的な説明を必要とするようです。

phalloplasty（陰茎形成術）については、難易度と費用のおかげでおこなう人は少ないです[*10]、

＊9　正岡美麻「Female-to-Male トランスジェンダー／トランスセクシュアルにおける男性ホルモン投与の影響」（２０１５年）という題の博士論文。

＊10　しかしながら別の論文では衝撃の事実が述べられています。トランス男性の Morgan M. H. Seamont 氏がまとめたところによると、トランス男性は自分の新陰茎（neo-phallus）に非常に満足しているのだと言います。この "neo-phallus" とは、陰茎形成手術によって手に入れたペニスのことではありません。ホルモン治療によって肥大したクリトリスのことを指します。トランス男性当人のみならず、多くのパートナー、またはトランスジェンダーの男性との性的な出会いを望んでいる人々も、これを望ましい特徴として挙げ、トランスジェンダーの男性的な体への魅力に貢献していると言います。また、トランスジェンダーの権利活動家である Jamison Green 氏による著書 "Becoming a Visible Man" では、"Moreover, many trans men feel that they do have perfectly function-

と諦めモードで記述されるのみでした。排尿が可能で性的刺激に敏感なペニスを外科的に構築することは未だ困難なのです。

SRS（性別適合手術）は“sex reassignment surgery”（セックスを再び割り当てる手術）ではなく“gender reassignment surgery”（ジェンダーを再び割り当てる手術）と表記されていました。自らの下半身に本来ないはずの穴があることを“bonus hole”（ボーナスの穴）と呼ぶトランス男性もいるそうです。MtFのSRSとFtMのSRSは非対称ですから、FtM側でgender reassignment surgery（性別適合手術）やphalloplasty（陰茎形成術）が後回しなのはそうだろうと納得します。治療するにしろしないにしろ、testosterone（テストステロン＝男性ホルモン）の話題が頻出するのです。

“Self-Organizing Men”にはさまざまなトランス男性が登場します。

“In ‘real life,’ I came out first as a lesbian, then became an outspoken radical feminist, then (reference Underground Transit) turned inward to find desire and identity in myself, and then came out as trans. (Scott Turner Schofield)”

「実生活では、私はまずレズビアンとして、次に無遠慮なラディカル・フェミニストとして、それから自分のなかの欲望とアイデンティティを見つけようと内面に向き合い、トランスとしてカムアウトしました。」

"Self-Organizing Men" 全般を通して、「レズビアン→ラディカルフェミニスト→トランスマン→ゲイセックス」と連なる移行の過程を真摯に述べています。ここまで正直に実情を述べてくれるトランス男性によるトランス男性のための本があることに感謝します。

トランス男性のパートナーは女性に限りません。しかし男性のパートナーとの間に妊娠・出産をしたい Nick Kiddle 氏は、「男性との性行為が嫌ではないなら女性なのでは?」「子どもを産んだら母親になるのだぞ」と言われます。Nick Kiddle 氏の文章のタイトルは "I Can't Be Male"（私は男性にはなれない）です。どんな思いでそう付けざるをえなかったのでしょうか。「母親になりたいのか」と精神科医に問われれば、「いや親になりたいだけだ、子どもがほしいのだ」と答えます。医師であれ、ジェンダー・アイデンティティ（gender identity）を形作る当人にはとって代わることのできない赤の他人です。そうであるにもかかわらず、トランスパーソ

ing penises without surgery, or with modest surgical modification of the native organs." (Kindle-No.189/234)（多くのトランス男性は陰茎形成の手術なしで、あるいは元からある臓器〔クリトリス〕の控えめな外的変化を伴って、完全に機能するペニスをもっていると感じています）と述べられています。

もちろん、陰茎形成手術を望まない理由として「自然な勃起ができない」ことや、「尿道の伸長と経路変更は合併症や失敗の発生率が高い」ことは挙げられています。しかしそうした手術の完成度が好ましくないことが決定要因ではないのは密かに注目に値することです。自らのトランスボディの否定ではなく肯定によって、手術をしようとしないトランス男性がいることを示しています。

ンにとっての医師は絶対的権力者のように立ちはだかることがあります。医師が「YES」と言ってくれなければ、自分自身の性別や生き方を変更（修正というほうが適切かもしれません）することすら叶わないのです。

20世紀にFtMコミュニティに尽力した人物であるルー・サリヴァン（Lou Sullivan）氏は、トランス男性でゲイでした。彼は1991年にエイズで亡くなるまで活動し、性同一性と性的指向は別であると示しました。[*11] 女性として出生したトランス男性が男性を好きになることはありますし、男性が対象になるからといってその人がトランス男性ではないという証拠にはなりません。その二つの視点を混合するべきではありません。しかしながらルー・サリヴァン氏の活動から30年経った現在でも、トランスジェンダーかつ同性愛者である人への偏見は消えていません。

女性コミュニティにいたトランス男性

さて"Self-Organizing Men"の特色とも言えそうですが、lesbian, dyke, feminist（レズビアン、男性的なレズビアン、フェミニスト）の話がtestosterone（男性ホルモン）に負けず劣らず多かったのです。女性として置かれてきた経験と地続きに、トランジション（transition）して男性に至った過程を語る、というパターンです。なお、”dyke”は男まさりなレズビアンの蔑称として使われ、当事者のなかでクィア的にポジティブな自称として用いられる側面もあるように見受けられましたが、日本語の単なる〝ボイ〟（ボーイッシュなレズビアン）とは一線を画すと思います。

次に、ＦｔＭ的な人々によるアンソロジー”Finding Masculinity: Female to Male Transition in Adulthood”をご紹介します。この本は、ＦｔＭの直面する5つの話に分かれて、それぞれのパートに関するエッセイが記載される形式となっています。その5つとは「感情的、精神的な発達」「家族」「恋愛関係」「医療コミュニティ」「仕事での移行」についてです。今までのＧＩＤ（性同一性障害）物語では語られてこなかったリアルな話が集まっています。留意点として、この本での「ＦｔＭ」とは、女性から男性への境遇の変化を迎えた人、男性として生きていくことを受け入れている（そうしようとしている）人を指しています。かならずしも「性自認が男性」と終生決まっている人ばかりではありません。性同一性障害というよりは、該当範囲の広い性別違和・性別不合の概念に内包される人たちだと言えます。

寄稿者13名のうちなんと11名が[*12]「かつてレズビアンだった」「レズビアンコミュニティにい

＊11　Brice Smith, “Lou Sullivan: Daring To Be a Man Among Men”, Transgress Pr, 2018.

＊12　以下11名を該当者として判断しました。Jack Elliott, Mitch Kellaway, Rae Larson, Emmett J. P. Lundberg, Dylan Farnsworth, Eli Bradford, Ian H. Carter, Alexander Walker, Leng Montgomery, Jaguar, Nathan Ezekiel

た」「レズビアンとしてカムアウトした」「レズビアンだと思い込もうとした」など、比重の差はありつつもレズビアンとの関連性を述べています。[*13]

"During my adult life, I identified as a lesbian and was very comfortable identifying as female. I was so proud of being a woman that I actually didn't like being mistaken for a boy. Perhaps this was also rooted in being a young feminist lesbian at the time. (Jaguar)"
「成人期に、私はレズビアンであると名乗りましたし、女性であると識別することは非常に快適でした。私は女性であることをとても誇りに思っていたので、実際のところ男の子と間違われるのは好きではありませんでした。おそらくこれは当時、私が若いフェミニストレズビアンであることに根ざしていました。」

ここでの留意点としては、"Finding Masculinity" は基本的にアメリカのトランス男性のエピソードであり、同性婚が成立している地域での出来事だということです。同性愛への法的な支援が存在しているため、レズビアンコミュニティ自体が、同性婚の認められていない日本より影響力をもっている可能性があります。その点を差し引いても、レズビアンとトランス男性の連なりが表向きに見えているトランス男性像よりはずっと強いのであろうことは否めません。一方でレズビアンと思わされた当事者のなかで、なおかつＧＩＤ自分史の典型ともみなされそうな発言を残しているＦｔＭもいます。[*14] 男性としての自認を保持していたとしても、「レズビアンとは女性を愛する女性でしょう？　そんなラベルは正しくない、俺は違う」と最初からはっきり主張するのは難しかったのであろうことが“Finding Masculinity”からわかります。

このように少なくないトランス男性が「レズビアン」という、いわば「女性しかいない女性コミュニティ」と関わることは何を意味するのでしょうか。女性コミュニティにいるからといって他の女性同様にそこにいることができたとは（一時的には可能であったにしろ）言えません。むしろ女性コミュニティにいることによって居心地の悪さや不具合が際立ったからこそ、のちにトランジションして男性としての生活を享受するようになったわけです。

シス女性によって都合よく「トランス男性は身体女性なのだから、私たちと同じでしょう？フェミニズムの範疇で面倒を見なければ」という発言も聞かれます。トランスジェンダーへの

＊13　一応、こうした思考をエッセイに書き残している時点で、従来のわかりやすいＧＩＤ物語に違和感をもっている寄稿者が多かったとしても不自然ではありません。そのため内訳にはやや偏りがあるかもしれません。

＊14　Rae Larson 氏は、幼少期からずっと男性として性自認が一貫していたようです（しかし女性が好きということに関心をもつと、トランス男性だと思うより先にレズビアンとして浮上することはよくあります）。「世界に二種類の人間がいることを社会が期待しているのだと理解した瞬間から、私は自身が少年だと知っていました」「家族がなぜ私を男の子だと思っていないのか理解するのに時間がかかりました。彼らに問題があるのかもしれないと思いました」と語っています。

差別的な文脈において頻出の言い回しですが、完全には退けることはできない部分があるのもまた事実です。たしかにトランス男性の身体が女性と同一視されること、女性差別に該当する差別を受けることはあります。男性運動において、これらの問題が解決されるとは到底思えません。放っておけば男性運動が、女性的な境遇で生活しているトランス男性の不遇を（同性の友として）救ってくれる、ということはいくら待とうが叶わないでしょう。ぼんやり男性運動に期待していても、何も始まりません。

その分、女性運動によって救われることがありました。歴史を遡れば、トランス男性が女性として出生時に分類されている以上は選挙権すら得られませんでした。女性（とカテゴライズされる者たち）の選挙権獲得へ一役買ったのはフェミニズムでした。すでに選挙権をもっていた男性たちは目立つところでは何もしませんでした。最近では入試で女性受験生への点数操作がありました。これは表面上「女性への」差別ですが、戸籍が女性であるトランス男性も割を食った出来事でしょう。実生活において完全に男性として生活していても戸籍が女性であることによって差別された事例です。入試差別は、もとはといえば「女性は仕事についても結婚や出産があって長続きしないから」などと理由をつけたジェンダーによる差別だったと予想できます。しかしトランスジェンダーの場合は、普段まとうジェンダーや、当人のジェンダー・アイデンティティとは無関係の処遇を被ることがあります。だから「女性差別」とひとことでまとめられる事例のなかには、女性ではないトランスジェンダーの男性も被害者となるパターンがあるのです。

また、無視できない身体の事情もあります。「はじめから男だったら胸や股からこんなに血を流さなくてよかったのに（＝胸オペと生理）」と恨めしく思いながら日々を過ごしてきて、そうした〝規範的な〟男性身体として想定されない者たちの課題は着手されてきませんでした。既存の「男性」のなかに「私（トランス男性）」が含まれ、「男性」の主人公として物語を生きられる経験はまずありませんでした。他方、フェミニズムは単に女性の課題を取り扱うだけでなく、ジェンダーという社会的な枠組みを問う学問でもあったため、トランスジェンダーの人々が関わる余地がありました。

フェミニズムがあることで、結果的にトランス男性にとって利になることがありました。トランス男性がフェミニズムに関わる理由は、トランス男性にとっても関わりの深い性差別の課題を男性運動が何もやらないからだ、と言い換えることもできます。それゆえトランス男性自身が、レズビアンコミュニティやフェミニズムで主体的に活動・活躍していることもあったのです。今もそうした活動をしているトランス男性はいます。

イギリス出身のトランス男性であるCharlie Kiss氏は、30年以上をレズビアン同然に生活してきました。彼の著書“A New Man: Lesbian. Protest. Mania. Trans Man”[*15]では、幼少期から性別

＊15　Charlie Kiss, “A New Man: Lesbian. Protest. Mania. Trans Man”, Troubador Publishing, 2017.

違和があると読める描写がありますが、Charlie Kiss氏自身はずっと女性を愛し、[*16]おそらくは自身がレズビアンでありフェミニストであるという認識のもと生きてきたのです。同書の全22章のうち、なんと18章分がFtMとわかる前の描写です。しかし、逆の境遇であるトランス女性と関わっていた人と出会い、自身もトランスジェンダーとして男性の身体をもちたいのだと気づかされます。これまで男性を嫌って退けるように生きてきたけれども、それは自身の身体を憎むことや男性を羨ましく思うことと地続きだったのだという考えにたどり着くのです。Charlie Kiss氏は、「まさか自分が男性に変わるとは」というショックで、アイデンティティの危機を迎えました。

"I'm a feminist. Changing into a man is utterly unacceptable. I have a healthy body, why seek medical intervention to change it?"[*17]
「私はフェミニストです。男性に変わることはまったく受けつけられません。健康な体をもっているのに、なぜそれを変えるために医学的介入を求めるのでしょう?」

女性コミュニティにいた期間が長い場合、まさか自分自身が男性であるという衝撃の事実には、なかなか思い当たりません。しかもCharlie Kiss氏の場合は、「FTMロンドン」というトランス男性の会議に参加したときのことを、「ひげを生やした背の低い男性でいっぱいの部屋にいることを考えずにはいられなかったし、明らかに不快だった」[*18]とまで言及しています（この書きっぷりには思わず笑ってしまいました）。

女性との差異——トランス男性の「胸」

かといって、トランス男性を永遠に女性コミュニティに据え置くことには賛同できません。他者がそうやって位置づけることはトランス男性にとって迷惑にもなります。前述したように、トランス男性がレズビアンコミュニティやフェミニズム運動に関わっていることはあります。しかも少なくないトランス男性が関わってきた可能性があります。それは事実です。ただし、一時期の表面上の事実です。トランス男性を象る唯一の現象として位置づけ、トランス男性を単に女性であったかのように見るのはあまりにも不正確です。たとえトランス男性とシス女性で境遇が同じだったとしても、シス女性から見る景色とトランス男性が見る景色は違ったかも

＊16　Charlie Kiss 氏はこうも述べています。「実際、私は男性と一緒に勉強するのが好きでした。何も共通点がないと感じた異性愛者の女性といるよりも楽でした」（同＊15、「13. Lipstick Lesbian」）と。つまり、自分が女性であるかどうかというアイデンティティよりも、女性が好きだという性的指向の面で、レズビアンコミュニティや異性愛男性の輪に馴染んでいたようです。
＊17　Charlie Kiss、同＊15、「Chapter 1. Epiphany」。
＊18　Charlie Kiss, 同＊15、「19. Split Identities」。

しれないのですから。むしろシス女性が女性性を盾に「フェミニズムは女性のための運動だ」などと自身を鼓舞するとき、トランス男性はその〝女性として位置づけられている自分〟という主体を脱臼させ、トランスジェンダーまたは男性としての視点をすでにフェミニズムにもち込んでいたかもしれません。同じところに立っているからといって、同じレンズで同じものが見えているわけではないのです。

その一例として、トランス男性にとっての「胸」（膨らんでいる状態の乳房のこと）を語りましょう。『身体を引き受ける――トランスジェンダーと物質性のレトリック』には的確な記述がありました。[*19] トランス女性がペニス中心に議論されるのに対して、トランス男性の場合は胸が中心に議論されるのだと言います。それぞれかつて割り当てられていた性別の象徴として、男性であった場合はペニスが、女性であった場合はペニスに対応してのヴァギナではなく胸が、問題視されてきたことを示しています。しかしながらそれはシスジェンダーの男女にとって、自分自身の性別、あるいは異性の性別を印す象徴であるにすぎません。『身体を引き受ける――トランスジェンダーと物質性のレトリック』でわかるのは、トランス男性にとっての胸と、女性にとっての胸は別ものだということです。

あるとき「ニューヨーク・タイムズ」でトランス男性の上裸写真が掲載され、見出しに「（そのトランス男性）は乳房切除の痕をみせている」というギョッとするような記述がなされたそうです。彼の男性性ではなく、その男性性を得るためになされた女性性への暴力を示すためでした。この意図によって、トランス男性がかつて同一視されたレズビアンには戻れないこと、いまやなりたいと思っている男性にもなれないこと、その両方への還元不可能な相違を再分節化する役割をはたしています。しかし一当事者からすれば、ずいぶん不自然な見出しに思えます。トランス男性が見せているのは、ようやく平らになった男性的な胸や胸筋であって、「乳房切除の痕」を見せているつもりはないはずです。女性性が傷つけられたと感じるのは、女性が自身の胸をそのように位置づけているというだけの話です。トランス男性にとっては、身も蓋もない言い方をしてしまうと、「ようやく大金を払って粗大ゴミを処分できたぜ」くらいの認識である場合があります（そういう言い回しをしているトランス男性もいました）。もちろん粗大ゴミが何をさすかもうおわかりでしょうが、女性的に膨らんでいた乳房のことです。なかにはトランス男性でもそのように胸を嫌悪することなく、生まれつきの身体として大切に生きていく人もいます。「私は間違った身体で生まれたのではなく、私の身体で生まれた[*20]」ということです。また一方で、胸を諸悪の根源のように捉えて忌み嫌うトランス男性もいて、私も「胸がなくなってせいせいした」うちの一人でした。

『身体を引き受ける――トランスジェンダーと物質性のレトリック』でもきちんとその意識

＊19　ゲイル・サラモン／藤高和輝訳『身体を引き受ける――トランスジェンダーと物質性のレトリック』（以文社、2019年）、第四章。

＊20　"I wasn't born in the wrong body. I was born in my body."（Morgan M. H. Seamont、前掲＊2、111頁）。

のズレについては記述されています。「はっきり言っておくが、これらの胸は、それがまだトランス男性の身体の一部だったようなときにも、女性性のシンボルとして肯定されたり、明言されたりすることはめったにないのである」[*21]。

胸に対する認識の差は、2019年に『少年ジャンプ+』に掲載された『にくをはぐ』（遠田おと）という漫画を思い起こさせます。『にくをはぐ』の主人公・千秋はトランス男性でした。とはいえ父親の期待に背かないよう女性を演じている期間も長く、すぐに胸オペやSRSをすることもできない状況でした。彼はYouTuberで、大きな胸を視聴者に見られることもありました。一般的に性別違和を抱えるトランスジェンダーの人々は、他者に身体を見られることを嫌います。トランス男性にとって、女性性の象徴であるかのような胸を見られることは苦痛であることが多いわけです。しかし千秋は違いました。これは千秋というトランス男性が、胸を大切にしていたから誰かに見られたいと思っていたのでしょうか。千秋にとって胸がどういうものだったのか、漫画のなかで明言されるシーンはないため理由はわかりません。おそらくシスジェンダー女性であろう読者の感想のなかには、「千秋は女性としてやっていけたはずなのに」と、身体的な手術をしたことを悔いたり責めたりするようなコメントがありました。しかし私の意見や他のトランスパーソンの意見を見る限りでは、まったく異なります。できることならすぐ切除したい身体の一部であったにはちがいなく、胸を「女性性の象徴」として尊重するように認識していなかったからこそ、単なる商売道具としてYouTubeで晒せたのではないか、と考えられます。胸なんてどうでもいいと無関心である一方で、YouTube上では使い物になるようなので有効に使っておこう、という程度の扱いだったのではないでしょうか。その点では、千秋は女性的な身体への嫌悪感よりも無関心の比重が大きいパターンに見えました。いずれにせよ胸を女性性の象徴として大切にしていたとは言えないでしょう。『にくをはぐ』というタイトルどおり、千秋にとっての胸は、剝ぐべき肉のかたまりにすぎなかったのかもしれません。トランス男性を「不遇な女性」と位置づけることは、根本的に間違いです。

忘れてはならないのは、トランス男性はジェンダーを移行していくことがあるという実態です。トランス男性がゲイコミュニティや男性社会に適合している（適合していく）という側面もあるのです。男性コミュニティに関わっているという側面を無視して、女性の領域にいるということだけを語るべきではありません。

先ほどご紹介した2人の後日談を確認してみましょう。「女性であることを誇りに思っている」と明言していたJaguar氏（"Finding Masculinity: Female to Male Transition inAdulthood"）は、なぜその後男性となったのでしょうか。Jaguar氏は友人にもFtMがいて、彼が女性から男性に移行するのを目の当たりにしたそうです。そして、自身の過去にも思い当たります。成人期に自身が女性であることに満足していたはずだけれども、実は5歳頃に性別違和の徴候があった

＊21　サラモン、前掲＊19、181頁。

こと、両親に捕まえられて「あなたは男の子？　女の子？」と問い詰められたときに「男の子」と答えたら罰せられると思って女の子に合わせてきたこと、など過去の出来事がありました。そしてJaguar氏も男性への性別移行を開始します。その際、所属意識のあったレズビアンコミュニティから離れるのは疎外感のあることでした。レズビアン同士として関わっていたときには、相手のレズビアン女性とすれ違うときに、「ハーイ、あなたは一人じゃないよ（Hi, I see you, and you're not alone.）」というような、仲間意識を感じさせる挨拶がありました。しかし男性となってからは、もはや「姉妹」ではなく、レズビアンとは無関係な「別の男」になってしまいました。ただしJaguar氏の経験として興味深いところは、男性化した後は「同性」として、男性たちとの恋愛・性愛に移った、ということです。レズビアンコミュニティで絶たれた親密な距離感を、今度はゲイコミュニティで見つけることとなります。これは前述の「トランス男性にとっての同性愛」（本書１４５頁）という内容でご紹介した通りです。

次に、イギリスのCharlie Kiss氏の様子はどうでしょうか。著書"A New Man: Lesbian. Protest. Mania. Trans Man"には、Charlie Kiss氏の幼少期から現在に至るまでの写真が掲載されています。最新の写真は、"Happy in my new body"という言葉とともに、治療して外見上もすっかり男性になったCharlie Kiss氏の笑顔があります。レズビアンの友人のなかには「ペニスをつける気なの？」とショックを受ける人もいたそうですが、最終的に彼はベルギーで陰茎形成をおこないました。現在は男性としての生活に満足しているそうです。

このようにトランス男性には、シス男性では経験しえないような、さまざまな過去の物語があります。トランス男性が男性であっても、現状では残念ながら視野の狭い「男性学」の方面に居場所を見出すのは簡単ではありません。シス男性にすぐ迎合できない事情もあります。曖昧さや境遇の変動はつきものであり、シス女性かシス男性のどちらかに埋没しているという演出だけではトランス男性の男性性をとりこぼしてしまいます。そのような現実から目を背けて、マジョリティにとって都合のいいトランス男性物語だけを保持することはできないでしょう。

ペニスのない男性

トランスジェンダーといえばその身体性に注目されることはよくあります。ではトランス男性とシス男性の身体性に着目したとき、何がちがうと言えるのでしょうか。「女性化した乳首をもつシス男性」や「ペニスを損傷したシス男性」などはいます。それでもその人はシスジェンダーの男性として認識されます。少しばかり身体的特徴が異なるからといってシスジェンダーであることが揺らぐことはありません。

「例えば、骨盤を負傷してイラクから帰還した男性兵士は突然自分の性別がわからなくなったりはしない。彼の性器は再構成されているか、すっかりなくなってしまっているかしているにもかかわらず、である。誰も彼の性別《セックス》を問うたりはしない。なぜなら、誰も彼のジェンダーを問うたりはしないからである。[*22]」

もとはといえば陰茎形成術もトランス男性向けの開発ではなく、世界大戦で負傷して性器を失った戦士のために、外科医ハロルド・ギリーズ（Harold Gillies）氏がおこなったことがきっかけです。その後トランス男性で初となる陰茎形成術をイギリスのマイケル・ディロン（Michael Dillon）氏が受けました。彼は１９４６年から１９４９年の間に13回もの手術を受けたそうです。しかもディロン氏はすでに男性として日常生活を送っていたため、性別適合手術をおこなったことがバレないよう他の口実を使っていました。だから極論、トランス男性は性器が非典型的になったシス男性たちとなんら変わりはない、とみなすことも可能ではあります。トランス男性が男性に見える以上は誰も彼のジェンダーを問わないのですから。

もちろん、そうして単に身体治療だけに専念できるトランス男性は稀でしょう。通常は身体治療の課題にとどまらず、ジェンダーの移行を経験しています。だからこそそのトランス男性には「少しばかり身体的特徴が異なるシス男性」ではなく「トランス男性」としての人生が待ち受けているのです。シス男性のように一つのジェンダーのみを背負ってきたわけではありません。ジェンダーを移行してきた以上、単に既存の男性ジェンダー内で解決できない・解決しないトランス男性のほうが多いでしょう。それゆえトランス男性の男性性は、シス男性とは異なる固有性を保持していると仮定できます。

トランス男性の身体について、シス男性はどう認識するのでしょうか。ペニスに価値を置かれてきたシス男性たちにとって、「ペニスのない男性」は想像できないことがあります。

歴史社会学者である澁谷知美氏（著者は女性です）による一冊『日本の包茎――男の体の200年史』（筑摩書房、2021年）では、仮性包茎は医学上病気でもなくむしろ多数派であるはずなのになぜ恥ずかしいと思う背景がつくられてきたのか、という話が歴史をひもといて延々と語られています。包茎であることは「女性に嫌われる」のみならず、「男性間カーストの最下層」であり「男友達に笑われる」のだと、男性自身が思わされていたということです。仕事の取引先と裸の付き合いをするとき、死んでお棺に入るとき、介護されるとき、ありとあらゆるタイミングで男性は包茎を気にするそうです。仕事能力やプライドと、なぜだか包茎が密接な関わりをもっており、男らしさのシンボルとしてのペニスが描かれてきました。トランス男性の立場からしたら、多少皮が被っていようが「ある」のだから十分恵まれているではないか、と言いたくもなりますが、ここでは差し控えておきます。

トランス男性が男性専用スペースを利用するとき、トランス男性の実生活を知らない人たちからは、「もともと女性だったのだから他の男性に狙われるだろう」「ペニスをもつ男性よりは

＊22　サラモン、前掲＊19、288頁。

劣位に置かれて、きっと危ないにちがいない」といった指摘をされることがあります。たしかに、トランス男性が男性として認識されないうちは過度な注目や無視をされる危険性もあります。しかし実際のところ、男性ジェンダーで認識されている人物にペニスがないことを後から認識した場合には、アイデンティティが脅かされたような恐怖を感じるのはシス男性のほうかもしれません。

こちらは、あるトランス男性が公共のスイミングプールの更衣室でエピテーゼ（FtMが装着する擬似ペニス）を落としたときのエピソードです。

"I am pretty sure no one noticed: after all, if a man were to see another man's penis apparently fall off, he would probably scream or faint, or at least look horrified. And have nightmares for years. This is after all supposed to be the primal fear of bio men!"[*23]
「私は誰も気づいていないと確信しています。結局のところ、男性にとって別の男性のペニスが明らかに落ちているのを見ると、彼は恐らく悲鳴を上げるか失神するか、少なくとも恐ろしくなることでしょう。そして何年もの間悪夢を見ます。これは結局のところ、シス男性（bio men）の第一の恐怖なのでしょう！」

かつて世界の歌姫シャリースとしてデビューし、のちにトランス男性としてカムアウトしたフィリピンの歌手ジェイク・ザイラス氏は、著書『歌姫《シャリース》の仮面を脱いだ僕《ジェイク》』で次のように述べています。*24 女性としてしかみなしていなかった人物が男性だと判明したとき、男性たちは自身の存在意義が脅かされるように感じるのか、エゴ丸出しでジェイクに群がったのだと言います。

「(トランス男性である) 僕が男に性別移行することが、(シス男性である) 奴らのおちんちんの存在意義を脅かそうとしてるって思ってしまうんだろうね。」

※ ( ) 内の補足は筆者によるものです

おそらくは、自身の性別に対する存在意義が見出せず、せいぜいが世間的な取り扱われ方に則って「ペニスがついているから男」なのだとアイデンティティを保ってきた男性たちにとっては、トランス男性の存在は理解の範疇を超えてしまっているのでしょう。この意識は、幼少期のトランス男性の意識のなかにも芽生えていることがあるので、別段イレギュラーな出来事

＊23 Thomas Underwood, "How I Changed my Gender from Female to Male: The Complete Story of My Transition with Helpful Advice and Tips for Others on the Same Journey", Transitions Publishing, 2015, Chapter 10: Washroom Woes.

＊24 ジェイク・ザイラス/藤野秋郎訳『歌姫(シャリース)の仮面を脱いだ僕(ジェイク)』(柘植書房新社、2020年)、179頁。

ではありません。一部のトランス男性にとっては、「男であるはずの自分にはいつかペニスが生えてくるはず」と信じていて、そのためにその認識が裏切られたときに傷つくことがあります。ただしその思いは、成人して男性ジェンダーになじもうとする頃には消えています。ある朝目が覚めたら突然生えている、という現実は訪れないことを十分に知っています。そのため、ペニスのない男性として生きていくよう折り合いをつけるか、リスクを冒してでも形成手術を受けるかの二択となります。しかし性別移行において最難関とも言えるペニスのことばかり気にしている時点で（大抵の性別移行者は衣服を着ているときに「男らしく」見せることから実践しますから）、そのトランス男性は性器の形状がどうであれ、すでに男性コミュニティに内在していることがあります。シス男性からしたら想像しがたいのかもしれませんが、トランス男性は各々やりくりして、男性として生活していることがあるのです。

大々的に語られてこなかった多様なトランス男性の経験もふまえつつ、トランス男性特有の男性性はあるのだということを一定程度はふまえるべきです。トランス男性の過去を女性の物語として象ることはできませんし、シス男性しか想定されていない男性の物語として片づけることもできません。とはいえ、トランス男性はシス男性同然の物語で生きてきていないにもかかわらず、移行後はシス男性同然の物語に組み込まれている、ということも重大な事実です。それはトランス男性の意思にかかわらず起こりえます。だからこそトランス男性を男性学のなかで解釈する必然性が出てきます。

トランス性を残したいトランス男性について

内心望んでいないにしても、トランスジェンダーの男性であるとカミングアウトしない限りは、「規範的な男らしさを体現するシスジェンダーの男性」であると仮定されます。仮定に抵抗するにはもはや「私はトランス男性です」とオープンにするほかありません。そのためトランス男性のなかには、自らトランスジェンダーであることを主体的に引き受ける者もいます。この人はトランス男性なのね、と他者から認知されることでメリットが発生するようになります。トランス男性自身もそのことを知っているようです。

規範的な男らしさにがんじがらめになっていない柔軟な男性として受け入れられるかもしれませんし、女性との間の警戒心が溶けていくかもしれません。ホモソーシャルに合わせる必要もなくなります。また純粋に良いことばかりではありませんが、トランスジェンダーであるということでフェミニズムやクィア団体から〝かくまって〟〝救って〟もらえる場合もあります。単にシス男性とみなされているあいだは、その性別を理由に実感する貧困や孤独やメンタルヘルスなどに焦点が当たらなかったことでしょうが、トランスジェンダーというマイノリティ性を押し出すことで、悩みに理由づけができるようになります。

シス男性コミュニティに抵抗を感じる場合は、もちろんそう振る舞いたい気持ちが出てくるのはわかります。しかしながら、私はトランス男性が「トランス男性」であり続けることの困難も指摘したいと思います。男性としてパスするようになってからは、トランスジェンダーの要素を剝ぎ取って単に「男性」であることにも慣れる必要が出てくるからです。現実の生活のなかで逐一「私はトランスジェンダーなので、シス男性の文化は知りません」と回避することはできないため、「（シスジェンダーの）男性として扱われること」への適合が求められます。そのため、トランス男性がトランスジェンダーとして可視化された物語だけでなく、社会的に一人の男性として生きていく物語はもっと語られていくべきです。そのなかで既存の男性性に迎合したり、交差したりすることもありうるでしょう。

なぜ手術要件なしで戸籍変更希望のトランス男性がいるのか

トランスジェンダーがトランスジェンダーたる所以は、当人の身体違和を除けば、法律と医療によって性別が振り分けられており、なおかつそれが不適合であったことにあります。国によって基準は異なるため、ここでは日本の戸籍に絞ってお話しします。まず前提として、トランスジェンダーの人々が出生時に割り当てられた「男性」または「女性」という戸籍の表記を、もう一方の性別に変更することは可能です。

では、どのような手続きが必要とされているのでしょうか。

日本においてトランスジェンダーの人が戸籍上の性別を変更するには、「性同一性障害者の性別の取扱いの特例に関する法律」（以下、特例法と言います）に定めがあります。施行されたのは2004年からです。第1章でもご紹介しましたが、再掲します。

家庭裁判所は、性同一性障害者であって次の各号のいずれにも該当するものについて、その者の請求により、性別の取扱いの変更の審判をすることができる。

一、二十歳以上であること。[*25]

二、現に婚姻をしていないこと。

三、現に未成年の子がいないこと。

四、生殖腺《せん》がないこと又は生殖腺の機能を永続的に欠く状態にあること。

五、その身体について他の性別に係る身体の性器に係る部分に近似する外観を備えていること。

さらに医師2名以上による性同一性障害の診断も必要です。

いくつかの要件は、不適切な内容として裁判の対象になっていたり批判されたりしてきました。[*26] 戸籍変更要件の「現に婚姻をしていないこと」というのは、もし既婚のトランスジェンダ

＊25　2022年4月1日より、日本の成人年齢が20歳ではなく18歳に変更されます。そのため性別の取り扱いの変更審判を受けることも18歳からできるようになります（法務省ＨＰ）。

ーの人が戸籍上の性別を変更した場合、日本ではまだ認められていない同性婚の状態が成立してしまうため、設けられています。たとえばトランス男性が戸籍女性のときに、戸籍男性の人と婚姻したとします。その後、トランス男性が戸籍を女性から男性に変更しようとすると、戸籍男性同士で婚姻している状態が生じます。その同性婚状態を阻止するための要件だと言えます。そのため同性婚が認可されれば、自動的に「現に婚姻をしていないこと」という要件は削除されることが期待されます。実際に同要件を設けていたドイツ、オランダ、オーストリア、カナダでも同性婚や同性パートナーシップが認められた後は削除されています。よくＬＧＢＴとひとくくりにされるなかで「ＬＧＢ（性的指向の話）とＴ（性自認の話）は分けたほうがよい」という言い分もありますが、戸籍制度の影響が強い日本において立場が尊重されず不利益を被る者同士、連帯して立ち向かうべき課題はあるのです。

さらに戸籍変更要件の「現に未成年の子がいないこと」というのも、日本独自の思想があると言えます。トランスジェンダー当事者の幸福追求権（当事者が戸籍上の性別を変更したいという気持ち）と子どもの福祉のどちらが優先されるべきか、さらに、未成年の子がいる当事者の戸籍上の性別が変更されても子どもの福祉に悪影響はないのか、という点が論点になりました。つまり特定の個人で判断する前に、親子という関係性を重んじるよう、制度で強いられていることが見てとれます。トランスジェンダー当事者は戸籍変更前から外見や生活実態は望む性別のほうへ変わっていることがほとんどなので、戸籍変更する段階になって子どものことを気にしても実際には遅すぎますし、意味がありません。むしろ子どもの立場からすれば、「自分がいるせいで親が戸籍変更できない」という、自らが足枷になっていることを思い知らされるだけなので、かなり理不尽な要件でしょう。特例法成立当時の2003年7月は「現に子どもがいないこと」という、現在よりさらに厳しい内容だったため、2008年改定の「現に未成年の子がいないこと」でも緩和された内容ではありますが、まだ課題は残っています。

さて、本書ではトランス男性がいかに男性の範疇に含まれているのかという話をしてきました。そのアプローチで戸籍変更要件の「生殖腺がないこと又は生殖腺の機能を永続的に欠く状態にあること」という要件を見てみます。この要件は「手術要件」と呼ばれ、たびたび議論の的になっています。トランスジェンダーの人が本来あるべきだった戸籍性別を取り戻すためには、生殖機能を欠くことが必須とされているためです。なぜ手術要件なしで戸籍変更希望のトランス男性がいるのか、人権問題として取り上げることは可能ですが、あくまでもトランス男性の実態にせまって見てみましょう。手術うんぬんというより、トランス男性の日常を想像していただきたいのです。

トランス男性を「トランスジェンダー」だとみなすより先に、「あなたのお隣にいる、その辺の男性の一人」だとみなしてください。

＊26　大阪弁護士会人権擁護委員会性的指向と性自認に関するプロジェクトチーム『ＬＧＢＴｓの法律問題Ｑ＆Ａ』（弁護士会館ブックセンター出版部ＬＡＢＯ、２０１６年）、10〜13頁。

けれどもその男性は、引越しに悩んでいるそうです。あるいは、新しいジムに入会する際、新しいクレジットカードを作る際、新しい銀行口座を開設する際、どこか外国へ行こうとパスポートを準備する際、立ち止まってしまうことがあるようです。とくに厳しいのが、「仕事」と「結婚」です。男性ジェンダーを背負って生きる多くの男性が共感しうるかもしれません。もし「仕事」と「結婚」がうまくいかない理由が、あなたの能力不足というわけではなく、戸籍の情報があなたの生活実態とズレているせいだとしたらどうでしょうか。自分自身を恨むのはやめにしても、では、どこにこのやるせなさをぶつけたらいいのでしょうか。

戸籍変更で手術がどうのという話をもち出す前に、トランス男性がいかに男性社会に組み込まれているかを思い起こすほうが、一当事者感覚としては先にきます。私自身は、治療を始める前は一生男性として生きていけないのだろうと絶望していましたが、男性ホルモン投与を始めるとわずか3か月足らずで男性として認識されるようになり、環境を変えたことで6か月後には終始男性として扱われるようになりました。その時点で手術は上も下もしていませんでした。これほどまでの適用の早さには大変驚きました。結果として、戸籍と生活実態の合わない状態があまりにも早くやってきたもので、身分証明の妨げとなる戸籍表記が邪魔だと感じるようになりました。

手術を望んでいるトランスジェンダー当事者のなかには、この手術要件が妥当だと支持する者もいます。ただ、たとえ手術するにしろしないにしろ、手術の有無によって戸籍の情報が左右されることはトランスジェンダーだけに課せられた大変不合理な条件です。あくまで手術は希望する本人の、希望するタイミングでおこなうのが筋でしょう。あるトランスパーソンにとって手術自体は強要ではなかったにしろ、その時期が強要されているのは事実です。なかには本人の身体事情としては手術を希望していないにもかかわらず戸籍を変更したい（しなければならない社会的事情がある）がために手術を受ける者もおり、とりわけそのことが問題になっています。そういった場合、手術要件が国際的な流れに照らし合わせても人権侵害であると批判されています。

性別の取り扱い特例に関する法律によると、トランス男性が戸籍性別を男性に変更するには、一般的には子宮卵巣摘出手術を受ける必要があります（例外として、50歳ぐらいのトランス男性で、すでに閉経している場合には「生殖腺の機能を永続的に欠く状態にある」ということなので子宮卵巣摘出せずに戸籍変更した事例[*27]があります。このことは実質ホルモン療法だけで戸籍変更可能であったことを意味していますので、驚きです）。

しかしトランス男性側の事情として、外見と生活の質に直結する胸オペを望むトランス男性は多いですが、子宮卵巣摘出を必須だと考えるトランス男性は胸オペを望む数ほど表面に出てくることはないようです。[*28]性別移行を決心した初期は受ける気だったけれども、実際に生活し

＊27　自由が丘MCクリニックのHPを参照のこと。
＊28　前述の〝Self-Organizing Men〟における、トランス男性にまつわる頻出ワードを参照ください。

ていくうちに子宮卵巣摘出せずとも十分に男性生活が叶うため受ける必要がない、と判断を変える場合もあります。

もちろん体内に子宮と卵巣という臓器があることが耐えがたく一刻も早く手術を受けたいという者もいます。ただ、全員がそういうわけではありません。臓器そのものというより、胸と生理のほうがよほど憎まれているのでそこが解決すれば負荷が減る・なくなるというトランス男性は珍しくありません。ちなみに、男性ホルモン投与をしていれば嫌な現象の象徴としてあげられがちな生理はおおむねストップします。そのため一部のトランス男性にとっては身体違和の改善というよりは、法律の条件をのむために手術を受けるという事態が起こりえます。そうした経緯で手術要件を撤廃して戸籍変更できるように求める声が上がっていますし、裁判も起こされています。

ここからはトランス男性がSRS（性別適合手術）と無関係に戸籍性別を変更したいと考える背景について検討していきます。一つ注意すべきなのですが、手術要件撤廃派のなかには「手術をせずに戸籍変更したい」と、「手術とは無関係に戸籍変更したい」の二つの捉え方があると思います。個人的には後者の捉え方をして、手術要件について考えています。

トランスジェンダーで戸籍性別を変更したいと告げると、まるで「その人だけが」「自分の認識だけに基づき」変更したがっているように曲解されることがあります。その側面は多少あるかもしれないにしろ、ほとんど現実的でありません。事態はまったく逆です。

生活が移行するに伴い、自身の意思は介在しなくなります。「周囲が」「自動的に」移行先の性役割を期待し、振り分けてくるのです。トランス男性の場合は、トランス男性自身が性別について主張しなくとも、周囲から男性だとみなされ、男性ジェンダー規範を求められるようになります。望むと望まざるとにかかわらず、男性のあるべき姿を期待されます。それほどその移行先の性別に適合しているにもかかわらず、戸籍性別だけが不適合となることで、生活の質を落とすことがあります。先ほどお話ししたように、とりわけ「仕事」と「結婚」という、男性社会において未だ重要視されている二大要素において、戸籍性別が不適合であることは大きなデメリットです。それは男性社会を生き抜くためのスタートラインに立てていないことを意味します。

戸籍が女性であるために「(戸籍女性とは)結婚できない男性」です。いつ愛しのパートナーから「あなたとは結婚できないので、先が見えない」と去っていかれるのかわかりません(この場合は同性婚が成立すれば解消されるはずですが)。仕事面では「仕事先で戸籍が実生活と異なることを咎められるかもしれない状態の男性」になってしまいます。仕事先にアウティングされないかの危惧を抱え続けることになりますし、転職を考えるたびに戸籍不合であることが頭をよぎります。

男性にとって仕事と結婚に対する足枷をはめられ続けるのは、なかなかに地獄ではないのでしょうか。戸籍変更していないトランス男性はまさにそのような状況をサバイブすることになります。つまり、男性ヒエラルキー内の底辺、あるいは外部に、戸籍のせいで追いやられる瞬間が生じてしまいます。そのことが問題です。

ＳＲＳとは無関係に戸籍変更したいとトランス男性が望むとき、それは当人の身勝手ではありません。むしろ社会的期待に応えて、思う存分男性として生きていくための手段としての戸籍変更である場合があるのです。もちろんこのことは、医療行為としては正規の動機として想定されていなかったことでしょう。この臓器があると苦痛きわまりなく生きていけないから摘出する手術を求めている、といったせっぱつまった性同一性障害患者の像からは外れています。しかしながら、男性ジェンダーに〝より適合〟するほうへアクセルを踏む行為である点では「女性から男性へのトランスジェンダー」としてあるべき型に収まっているため、誰からも反対されることはなかったのかもしれません。男性ジェンダーへの積極的適合とでもみなされる、この戸籍性別変更を目的としたＳＲＳは、すでに社会的に男性であることに対して戸籍を擦り合わせる作業になっています。戸籍のほうが遅れていることが問題なのです。

戸籍だけ先に変更したがっているかのような扇動は、実生活を鑑みればおかしな話だと気づくでしょう。男性として生活し、男性ジェンダーの外圧を受けているからこそ生じている側面は、トランス男性を男性の範疇で解釈しなければ見えてこなかったことです。従来の説明のように「女性だった」「トランスジェンダーである」といった側面ばかりでトランス男性を見ることにはもはや限界があります。

ここでは「トランス男性を男性として捉えたときの事情」について語るために戸籍変更の「手術要件」の話をしましたが、戸籍変更要件を問題にする際には、治療の保険適用と同性婚の認可が切実に求められていることも改めて書き添えておきます。[*29]

*29 全然違った背景から手術要件撤廃を求める声もあります。戸籍を変更できればホルモン療法を保険適用の扱いにできるかもしれないから手術要件を取り除いてほしい、という意見です。現状では、性別適合手術（ＳＲＳ）や胸オペなど該当する手術を該当する病院で受ける場合のみ保険適用で可能です。しかしながら、ほとんどのトランスジェンダーの人々はその前にホルモン療法を始めています。すると、性別適合手術が健康保険の対象となっても、ホルモン療法が健康保険の対象外（＝自由診療）であるので、一連の治療であれば両方とも自由診療となり健康保険の対象外となるということになります。早い話が、ホルモン療法をやっていれば、性別適合手術は健康保険適用にならないという、トランスジェンダーにとって残念な状況があります（日本性同一性障害・性別違和を共に生きる人々の会〔gid.jp〕「性別適合手術の健康保険適用について」２０１８年11月30日より）。
　ホルモン療法の保険適用を実現するには、ホルモンの影響にまつわる莫大なデータが必要になりますし、製薬会社がトランスジェンダーというごく少数の人のために利益を顧みず動いてくれる必要があり、簡単には進みません。ただし、戸籍変更後はトランス男性のことを「法的に男性なのに、男性ホルモンが足りていない」状態とみなして、実質ホルモン療法を保険適用内に扱うことができています。そのため、手術の有無にかかわらず戸籍さえ変更できてしまえばホルモン療法を保険適用の扱いにでき、トランスジェンダー当事者の金銭的負担が減らせるのでは、という展望です。

トランス男性の孤独と向き合う

「この体になったせいで抱えた大きな空白はごまかせなかった。私がつらい状況に陥っても、女性の友人たちは遠くから見ているだけだったが、それは私自身が女性に近づきすぎないよう、とりわけ神経質になっていたせいだった。脅威とみなされるのを怖れるあまり、私は幽霊になってしまったのだ。最初のうちは男社会に入った代償として受け入れていたが、このころは毎日が噛みあわないことの連続だった。何が起きていたのだろう。[*30]」

本書でご紹介してきたトランス男性は、性別移行を体験してきた人たちです。ある性別からほかの性別へ移り変わっていく感覚と、移り変えられてしまう感覚を味わってきました。移行初期はトランス男性が男性だからといって、かならずしも正々堂々と男性だと自認できたわけではありませんし、つねに男性として扱われてきたわけではありませんでした。それが徐々に、自他ともに男性としてのみ性別を割り当てられるように変化しました。

境遇が女性から男性になることでの孤独は生まれました。これはシス男性主導の「弱者男性論」で語られる生きづらさの話とかぶるかと思います。また、「働く男性像」に終始しがちな初期の男性学にも男性の生きづらさはありますし、それはトランス男性にも通じています。しかしそういった広義の「男性の生きづらさ」言説に加えて、トランス男性がトランス男性であることの孤独もあると私は告白します。

まず状況的に孤独です。シスジェンダーに比べれば、トランスジェンダーは圧倒的に数の上でマイノリティです。トランス男性は基本的にはたった一人で、誰にも共有されずに思春期を迎え直します。シス男性ならば義務教育の期間に当然のように比べる相手が身近にいたはずで、身長や筋肉や声変わりなどの成長過程が一目瞭然だったことでしょう。トランス男性の場合は、対等に成長を確認し合う相手が見当たりません。そのため男性ホルモンによる変化が訪れたとしても、自分の変化が本当にこれでいいのだろうかという不安がつきまといます。私の場合は、変わっていく自分の声を定期的に録音していました。ホルモン投与初期は、声以外でのわかりやすい変化が見られなかったため、唯一の変化の証拠のようでした。手の甲の血管が浮き出たときには、あまりの喜びで、けれどもこんな些細なことを誰にも共有できないという思いがあり、ひたすら血管のイラストを描いていました。肉体のみならず、人間関係も不安定なものでした。「性別どっち?」と聞かれるような外見で生活することは困難なため、一つのコミュニティに居座らないように注意していました。なるべく他者の印象に残らないよう、存在感を希薄にしていました。もしトランス男性に運よく女性の恋人ができたとしても、外面的には女性

＊30　マクビー、前掲＊6、18頁。

同性愛とみなされて、他の異性愛カップル同様にはふるまえなかった可能性があります。また男性ということで恋人に認められていたとしても、相手側の親にトランスジェンダーであることで交際を反対されるという話も珍しくありません。そのような孤独があります。

トランスジェンダーのYouTuberが人気なのも頷けます。実際に動いて喋って生活しているトランスジェンダーの仲間と出会えるのは画面越しだけだからです。YouTubeはトランスジェンダー当事者にとって大変貴重な情報源として機能しています。[*31] けれども成長の確認ができるのはそれくらいで、やはりシスジェンダーの男子が経験してきたほどの共有作業は実施されません。学校帰りの男子中学生や高校生たちを見ると、羨ましくてたまらない気持ちになることもありました。

男性ホルモン投与を始めたばかりのトランス男性であれば、高確率で性欲の高まりを覚えます。性欲の方面では男性に市場が開かれているといっても、戸籍や身体的にトランス男性は最初から除外されているようです。シス男性の優位性や市場独占を目の当たりにして、そこでも虚しさが募ります。まるで「あなたはターゲットに該当する男性ではないからお断りします」と告げられているようです。[*32]

一部のトランス男性はシス男性同様に社会的生活が営める一方で、その固有性はつねに無視されるため、トランス男性であることによって発生する孤独は解消されないままです。それでいて「男は黙っておけ」という規範を内在させているトランス男性なら、なおさら苦しいでしょう。トランス男性が孤独を訴えようとしても、かつて同性のようなフレンドリーさを兼ね備えていたのかもしれない女性は今や遠くの存在になってしまいました。男性とのあいだにはトランスジェンダーであるがゆえの悩みは共有できません。社会的には男性目線で男性優位に構築されてきたシステムがあるとされていますが、それはシスジェンダーの男性の一部が中心であるにすぎません。シス男性目線の物語は（それが画一的な男性像を生産していることは問題ではありますが）多くある一方で、トランス男性の目線はほとんどありません。２０２１年執筆時点では国内の映像作品は乏しく、あったとしてもトランス男性役をトランス男性がおこなうことは稀少な状況です。どの側面においてもトランス男性の孤独は覆い隠されてきました。トランス男性の物語はもっと必要とされています。

最後に、トランス男性に役立つかもしれない情報を共有して、終わりとします。

＊31　M. H. Seamont、前掲＊2、「CHAPTER 2. METHODS, YouTube Videos」。

＊32　なかにはトランス男性も利用できる風俗店やハッテン場（男性同性愛者の出会いの場）もあります。ただし風俗のように職業として成り立っている場所では、法律的に「戸籍が女性のトランス男性」の利用者は想定されておらず、どこまでの行為が許されるのかは微妙なラインだといえます。風俗嬢が戸籍女性である場合はレズビアン風俗同様に問題ないかもしれません。では戸籍男性であるニューハーフの店舗や、ゲイ向けの店舗においては「戸籍が女性のトランス男性」の利用はどうなるのでしょうか。

【海外】

○あらゆるFtMの情報掲載
Hudson's FTM Resource Guide　http://www.ftmguide.org/

○FtMにまつわる英語文献の紹介サイト
FTM Books and Other Titles of Interest to Trans Men　http://www.ftmguide.org/books.html

○FtMインターナショナル　http://www.ftmi.org/

○FtM向けグッズの販売　**Male Box**　https://maleboxat.myshopify.com/

○医療情報　**Transbucket**　https://www.transbucket.com/

【日本】

○トランスジェンダー当事者の情報サイト　**CHANGE**　https://change1.stores.jp/

○トランス男性の専門誌　**LapH**（ラフ）　https://laph-ftm.com/

○トータルサポート会社　**株式会社G-pit**（ジー・ピット）　http://g-pit.com/

○FtMのためのセクシャルウェルネスブランド　**nopole**　https://nopole.jp/

【日本語で読めるトランス男性当事者の本】

ここでは「性自認が男性である人」だけでなく、「女性から男性への性別移行を体験した人、それに準ずる治療をした人」も含めて紹介します。

虎井まさ衛『女から男になったワタシ』青弓社、1996年

安藤大将『スカートをはいた少年――こうして私はボクになった』ブックマン社、２００２年
虎井まさ衛『男の戸籍をください』毎日新聞社、２００３年
杉山文野『ダブルハッピネス』講談社、２００６年
田中玲『トランスジェンダー・フェミニズム』インパクト出版会、２００６年
前田健裕『あなたが「僕」を知ったとき――性同一性障害、知られざる治療の真実』文芸社、２００９年
諭吉『ぼく、長女です。』ヨシモトブックス発行、ワニブックス発売、２０１０年
流星『私と僕が生きた道――性同一性障害と向き合った29年』幻冬舎、２０１０年
川崎和真『ちんちんのないお父さん』文芸社、２０１７年
遠藤まめた『オレは絶対にワタシじゃない――トランスジェンダー逆襲の記』はるか書房、２０１８年
トーマス・ページ・マクビー『トランスジェンダーの私がボクサーになるまで』小林玲子訳、毎日新聞出版、２０１９年
前田良『パパは女子高生だった』明石書店、２０１９年
吉野靫『誰かの理想を生きられはしない――とり残された者のためのトランスジェンダー史』青土社、２０２０年
ジェイク・ザイラス『歌姫《シャリース》の仮面を脱いだ僕《ジェイク》』藤野秋郎訳、柘植書房新社、２０２０年
杉山文野『元女子高生、パパになる』文藝春秋、２０２０年
ナンバーフォー『COMPLEX』よはく舎、２０２１年

おわりに

フランス映画に『獅子座』（Le Signe du lion　エリック・ロメール監督）という作品があります。無一文になった主人公がパリの街を彷徨い歩くのですが、知り合いはみんな夏休みのバカンスへ行っていて、誰も助けてくれません。そんなシーンがありました。夏休み生まれの私からすると、誰も自分のことを気にかけてくれない誕生日というのは当たり前のものであり、この『獅子座』にはなんとも言えない共感が生まれました。２０２１年の誕生日、大月書店さまから出版決定のご連絡をいただきました。なんだか妙な気分で、けれどもおそらく人生最高の誕生日となりました。ありがとうございます。『獅子座』のラストも実は一応（？）、ハッピーエンドなのです。

本書を出版させていただくことを大変光栄に思います。普段の生活のなかで自分の考えばかりをこうも披露する機会はまずありません。実生活ではなんとなく聞き役が多いです。しかも社会的に男性という扱いになってからは、「これはマンスプレイニング（男性が主に女性に対して見下したように説明すること）だろうか」と自覚して発言を控えるようになりました。トランス男性の身体はホルモン投与をしたからといって、急に雄々しく巨大になるわけではありませんが、それでも私には身体をもて余しているような感覚がありました。そうして、居場所がなくなっていくようでした。男性になったら臆病になったのです。

そんな私は男性としての生き方を探す必要がありました。性別適合してからがスタートラインであり、その先を暮らしていくためには先導者や仲間が必要だったのです。ところが、初めて男性学の本を手にとったとき、あまりにも共感できなくて驚いてしまいました。私は「男性」になったはずなのに、私のような「男性」の姿はありませんでした。それからトランス男性の記述に絞って探しました。そこでも日本語で似た物語を見つけるのは容易ではなく、そもそも情報が少ないのだと気づきました。ないので、自分で書くことにしました。

ということで、本書のテーマは「トランス男性」×「男性学」です。

相手にされないものだろうとなかば諦めていましたから、出版に至ったことは率直に感動いたしました。「トランス男性」も「男性学」も、その掛け合わせたものも、いずれもブルーオーシャンに一人で漕ぎ出すような淋しさを巻き起こすのは、ここが日本だからでしょう。たびたび引用させていただいたように、他国ですでに先陣切って結果を出してくれているトランス男性はいらっしゃいます。私はその人たちのいる景色に少し近づいて、そうしたら孤独が薄まるのではないかと少しの希望をもつことにしました。実際のところ、テーマの一つ一つはそれだけで一冊成り立つくらいのもので、それらをギュッと縮めるのは心苦しくもありました。本当はトランス男性の研究やエッセイはもっとあるのです、ただ日本に情報が少ないだけです。輸入して、日本独自の土俵はそれとして、語る場があってほしいものです。本書では取り上げられなかった地域のトランス男性の情報についても、引き続き追っていけたらと思っております。

昨今のトランスジェンダー差別（とりわけトランス女性差別）において、トランス男性にもその矛先が向くことがあります。そうした差別へのカウンターとして「トランス男性は男性です」というスローガンが用いられます。足を踏まれたことに対して「踏むな」と言い返しているわけですから、もちろん正しいことです。ここで「トランス男性は男性です」と応答する際、あくまでも否定形で成り立っていることにお気づきでしょうか。「トランス男性は女性だろう、所詮男性ではないのだ」といった差別に対して、「いいえ、トランス男性は（女性ではなく）男性です」と言っているだけなのです。しかしトランス男性の主体性を取り戻すためには、「トランス男性は（こうした経験をもち、現に生きている）男性です」と肯定形で示す必要があるのではないでしょうか。相手からの無理解や差別に対して、先手を打つ必要性を感じました。ジェンダー学においては、トランス男性を男性学に持ち込むことがそうしたトランス男性の主体性を保持するために有効であり、また今後必要になっていくのでは、と考えました。私ではあまりにも力不足ですが、ここを踏み台の一つとして、やがて物語が増えていけばこれほど嬉しいことはありません。同時に、シス男性からの応答もいただければなおのこと嬉しく思います。


執筆に際して、とりわけ2名のトランス男性へお礼申し上げます。

まず、Morgan M. H. Seamont 氏。ネット上で「トランス男性」とその「男性性」について探っていたとき、一つの論文を見つけました。

“Becoming ‘The Man I Want to Be:’ Transgender Masculinity, Embodiment, and Sexuality,” B.A., Washington State University, 2007/ M.A., University of Colorado, 2010.

それは私にとって画期的な内容でした。もともとは既存の男性学のなかにトランス男性の視点を持ち込むという主旨で、私は考えをまとめていました。「トランス男性はシス男性と同じように解釈できる」はずだ、という予想です。ところが、Morgan M. H. Seamont 氏の述べるところによると、トランス男性には特有の男性性があるというのです。しかも「シス男性になれない」男性としてではなく、主体的にトランス男性であることを引き受けて新しい男性性を創り出そうとしているような姿が、浮かび上がってきました。

そして、トランス男性の物語を集めた“Finding Masculinity: Female to Male Transition in Adulthood,” Riverdale Avenue Books, 2015. の編者の一人である、Emmett J. P. Lundberg 氏。成人期に女性から男性へ性別移行した者が男らしさを探すという、ピッタリなテーマで文章を残してくださって、本当に助かりました。

お二方の励ましの言葉をお守りとして、一人であたためてきました。孤独で皮膚がひりひり刺されるような日も、一人ではないと信じてきました。「この本を書かずに済んだらどれほど楽だっただろう」というむず痒さを、多少は共有できたのかもしれません。今は少しばかり穏やかな気分になっており、あたたかい場所でまる一年眠りたいくらいです。

最後に、丁寧にご指導くださった大月書店の森幸子様に感謝申し上げます。
ここまでお読みいただき、本当にありがとうございました。

２０２１年11月

周司あきら

参考文献

【書籍】

安藤大将『スカートをはいた少年――こうして私はボクになった』ブックマン社、2002年
石田仁『はじめて学ぶLGBT――基礎からトレンドまで』ナツメ社、2019年
伊藤公雄『男性学入門』作品社、1996年
伊藤元輝『性転師――「性転換ビジネス」に従事する日本人たち』柏書房、2020年
稲田豊史『ぼくたちの離婚』角川新書、2019年
岩渕功一『多様性との対話――ダイバーシティ推進が見えなくするもの』青弓社、2021年
井上輝子、上野千鶴子、江原由美子編／上野千鶴子解説『日本のフェミニズム 別冊 男性学』岩波書店、1995年
上野千鶴子、田房永子『上野先生、フェミニズムについてゼロから教えてください！』大和書房、2020年
大阪弁護士会人権擁護委員会性的指向と性自認に関するプロジェクトチーム『LGBTsの法律問題Q&A』弁護士会館ブックセンター出版部LABO、2016年
川崎和真『ちんちんのないお父さん』文芸社、2017年
清田隆之『さよなら、俺たち』スタンド・ブックス、2020年
栗田隆子『ぼそぼそ声のフェミニズム』作品社、2019年
佐川光晴『主夫になろうよ！』左右社、2015年
澁谷知美『日本の包茎――男の体の200年史』筑摩書房、2021年
杉田俊介『非モテの品格――男にとって「弱さ」とは何か』集英社新書、2016年
鈴掛真『ゲイだけど質問ある？』講談社、2018年
多賀太『男子問題の時代？――錯綜するジェンダーと教育のポリティクス』学文社、2016年

多賀太『揺らぐサラリーマン生活――仕事と家庭のはざまで』ミネルヴァ書房、2011年
竹村和子『思考のフロンティア　フェミニズム』岩波書店、2018年
田中俊之『男性学の新展開』青弓社、2009年
田中俊之『男がつらいよ――絶望の時代の希望の男性学』KADOKAWA、2015年
田中玲『トランスジェンダー・フェミニズム』インパクト出版会、2006年
西井開『「非モテ」からはじめる男性学』集英社新書、2021年
針間克己『性別違和・性別不合へ――性同一性障害から何が変わったか』緑風出版、2019年
前川直哉『男の絆――明治の学生からボーイズ・ラブまで』筑摩書房、2011年
前川直哉『〈男性同性愛者〉の社会史――アイデンティティの受容/クローゼットへの解放』作品社、2017年
山本弘之『日本の男性の人権』ブイツーソリューション、2009年
ベル・フックス『フェミニズムはみんなのもの――情熱の政治学』堀田碧訳、エトセトラブックス、2020年
トーマス・ページ・マクビー『トランスジェンダーの私がボクサーになるまで』小林玲子訳、毎日新聞出版、2019年
レイチェル・ギーザ『ボーイズ――男の子はなぜ「男らしく」育つのか』冨田直子訳、DU BOOKS、2019年
グレイソン・ペリー『男らしさの終焉』小磯洋光訳、フィルムアート社、2019年
ハンナ・マッケンほか『フェミニズム大図鑑』最所篤子、福井久美子訳、三省堂、2020年
ポール・ナサンソン、キャサリン・K・ヤング『広がるミサンドリー――ポピュラーカルチャー、メディアにおける男性差別』久米泰介訳、彩流社、2016年
ポール・ナサンソン、キャサリン・K・ヤング『法制度における男性差別――合法化されるミサンドリー』久米泰介訳、作品社、2020年
レイウィン・コンネル『ジェンダー学の最前線』多賀太監訳、世界思想社、2008年
ゲイル・サラモン『身体を引き受ける――トランスジェンダーと物質性のレトリック』藤高和輝訳、以文社、

２０１９年
ワレン・ファレル『男性権力の神話――《男性差別》の可視化と撤廃のための学問』久米泰介訳、作品社、２０１４年
イ・ミンギョン『私たちにはことばが必要だ――フェミニストは黙らない』すんみ、小山内園子訳、タバブックス、２０１８年
カトリーヌ・カストロ原作／カンタン・ズゥティオン作画『ナタンと呼んで――少女の身体で生まれた少年』原正人訳、花伝社、２０１９年
プラトン『メノン』藤沢令夫訳、岩波文庫、１９９４年
アレックス・リーヴ『ハーフムーン街の殺人』満園真木訳、小学館文庫、２０２０年
『現代思想』２０１９年2月号（特集＝「男性学」の現在――〈男〉というジェンダーのゆくえ）
『現代思想』２０２1年11月号（特集＝ルッキズムを考える）
Aaron Devor, "Ftm: Female-to-Male Transsexuals in Society", Indiana University Press, 2016.
Kenneth Clatterbaugh, "Contemporary Perspectives On Masculinity: Men, Women, And Politics In Modern Society", Westview Press, 1990.
Thomas Underwood, "How I Changed My Gender from Female to Male: The Complete Story of My Transition with Helpful Advice and Tips for Others on the Same Journey", Transitions Publishing, 2015.
Brice Smith, "Lou Sullivan: Daring To Be a Man Among Men", Transgress Pr, 2018.
Raewyn Connell, "Masculinities", Univ of California Pr, 2005 (Second Edition).
Jamison Green, "Becoming a Visible Man: Second Edition", Vanderbilt University Press, 2020.
Jay Sennett, "Self-Organizing Men: Transgender Female to Males Talk about Masculinity", Homofactus Press, L.L.C., 2015.
Alexander Walker, Emmett J. P. Lundberg, "Finding Masculinity: Female to Male Transition in Adult-

hood", Riverdale Avenue Books, 2015.
Charlie Kiss, "A New Man: Lesbian. Protest. Mania. Trans Man", Troubador Publishing, 2017.
Miriam J. Abelson, "Men in Place: Trans Masculinity, Race, and Sexuality in America", Univ of Minnesota Pr, 2019.
Yolanda Martínez-San Miguel, Sarah Tobias, "Trans Studies The Challenge to Hetero/Homo Normativities", Rutgers University Press, 2016.

【その他】

大束貢生「日本における男性運動と男性対象のジェンダー政策の可能性――メンズリブを中心にして」佛教大学社会学部論集第69号（２０１９年９月）
瀬名波栄潤「男が男を語る――古くて新しいジェンダーの話」名古屋大学英文学会編『Ｉｖｙ』第40巻、２００７年11月
正岡美麻「Female-to-Maleトランスジェンダー／トランスセクシュアルにおける男性ホルモン投与の影響」、２０１５年
Morgan M. H. Seamont, "Becoming 'The Man I Want to Be:' Transgender Masculinity, Embodiment, and Sexuality", B.A., Washington State University, 2007/ M.A., University of Colorado, 2010.
Sarah DiMuccio, Megan Yost, Marie Helweg-Larsen, "A Qualitative Analysis of Perceptions of Precarious Manhood in U.S. and Danish Men", *Psychology of Men & Masculinity,* 18(4), 2016.
Sarah DiMuccio, Eric Knowles, "The Political Significance of Fragile Masculinity", *Current Opinion in Behavioral Sciences,* 34, 2019.
ブログ「うちゅうリブ」、西井開、環「２０１０年代メンズリブ対談14――メンズリブのこれまでとこれから」（２０１８年７月６日）。https://uchu-lib.hatenablog.com/entry/2018/07/06/140958
杉田俊介「『真の弱者は男性』『女性をあてがえ』…ネットで盛り上がる『弱者男性』論は差別的か？」（文春オン

ライン、２０２１年4月27日)。https://bunshun.jp/articles/-/44981
遠田おと「にくをはぐ」『少年ジャンプ＋』２０１９年12月30日
『トランスジェンダーとハリウッド――過去、現在、そして（原題：Disclosure)』ドキュメンタリー映画、監督：サム・フェダー、アメリカ、１０７分、２０２０年
『Boy I Am』ドキュメンタリー映画、監督：Sam Feder & Julie Hollar、アメリカ、72分、２００６年
『ＰＯＳＥ／ポーズ』テレビドラマ、アメリカ、２０１８～２０２１年
『幽☆遊☆白書』テレビアニメ、原作：冨樫義博、１９９２～１９９５年

著者
周司あきら（しゅうじ・あきら）
獅子座。憧れの作家を追いかけて早稲田大学文学部へ。
現在はホテルマンとして働きながら、別名義でLGBT関連のWebメディアに文章寄稿中。

装幀　中島慶章
DTP　編集工房一生社

トランス男性による トランスジェンダー男性学

2021年12月15日　第1刷発行

定価はカバーに表示してあります

著　者　周司あきら
発行者　中川　進

〒113-0033　東京都文京区本郷2-27-16

発行所　株式会社　大月書店

印刷　太平印刷社
製本　ブロケード

電話（代表）03-3813-4651　FAX 03-3813-4656　振替00130-7-16387
http://www.otsukishoten.co.jp/

ISBN978-4-272-35056-8　C0036　Printed in Japan